世界は食でつながっている
You and I Eat the Same

角川書店

世界は食でつながっている

You and I Eat the Same

On the Countless Ways Food and Cooking
Connect Us to One Another

編集　**クリス・イン**
序文　**レネ・レゼピ**
訳　　**中村佐千江**

Edited by Chris Ying
Foreword by René Redzepi

Copyright © 2018 by MAD Foundation
Foreword © 2018 by Rene Redzepi
For photography credits, see page 215.

Managing editor: Aralyn Beaumont

Editor's Note: Early versions of different sections of the chapter "Culinary Difference Makes a Difference" have been published in Saveur, the Huffington Post, and The Ethnic Restaurateur (2016). This version has improved substantially under the guidance of and with the aid of edits by Stephanie Jolly.

Design by Hubert & Fischer

Japanese translation rights arranged with Workman Publishing Company, Inc. through Japan UNI Agency, Inc.

目次

序文 レネ・レゼピ 7
はじめに 9

人間は、平たいパンで肉を巻く　アラリン・ボーモント　13

いろんなことは、フォークの持ち方で決まる　ウェンデル・スティーブンソン　25

メノナイト・チーズはメキシコのチーズ　マイケル・スナイダー　37

行く先々でカレーは育つ　ベン・マーヴィス　53

あなたの火とわたしの火は、同じように燃える　アリエル・ジョンソン　63

フライドチキンは、共通の土台　オサイ・エンドリン　71

一粒の実がすべてを支配する　ティエンロン・ホー　79

この土地に根を下ろしたものは、この土地のもの　レネ・レゼピ　87

木の葉が食べ物を湯気で包む　アラリン・ボーモント　97

食べ物は世界の入り口　ビニ・プラダン、ヒーナ・パテル、イサベル・カウディーリョ　103

食べ物は変化する　トニー・タン　125

よい素材はじっとしていない　ジェムレ・ナーリン　133

人類は、なんでも食べる　アラリン・ボーモント、マリッサ・ゲリー　144

料理の違いが差異を生む　クリシュネンドゥ・レイ　151

「エスニック」でないレストランなど存在しない　ポール・フリードマン　160

パクチーはどこにでも存在する　アラリン・ボーモント　173

誰もが、よい物語を求めている　ルーク・ツァイ　175

醤油は日本から持ち出してもいい　デイヴィッド・ジルバー　183

コーヒーは命を救う　アーサー・カルレトワ　193

感謝の言葉 213

序文

　長いあいだ、コペンハーゲンは孤島だった。
　もちろん、文字どおりの意味ではないが(ある意味で真実ともいえるものの)、こと料理に関しては、近現代のほとんどの時期を通じて、ぼくらは世界の中で孤立していた。食べ物について考えるとき、真っ先にスカンジナヴィアを頭に思い浮かべる人は、まずいなかった。
　しかし、この小さな街の料理人たちは、不屈の努力と幸運によって、北欧料理の名声を築き上げることに成功した。ここ10年から15年ほど、すばらしいレストランで食事をするために、世界各地から多くの人々がこの街を訪れるようになっている。わざわざこんなことを書くのは、自慢するためではなく、おおいに感謝を示したいからだ。コペンハーゲンが美食の街として認められたことで、ぼくらは世界と結びつくことができた。ありがたいことだ。何しろこの街は、何かと孤立しがちなところだから。
　2011年、ぼくらはこの結びつきを強め、育てていく試みを行った。ラフスヘーレウーウンという小さな島のぬかるんだ広場で、第1回MADシンポジウムを開催したのだ(madはデンマーク語で食べ物の意)。シンポジウムといってしまうと、実態よりかなり高尚な印象になる。だが実際には、数百人の人々が、どしゃぶりの中、ぬかるみに足を取られながらテントの下に集い、自分たちの世界について語り合ったに過ぎない。集まった人々の中には、食材を育てる人たち、料理を作る人たち、食べ物を研究する人たち、そして食べ物について本を書く人たちがいた。ぼくらはお互いの話に耳を傾け、学び合った。料理を作り、いっしょに食べた。そして、その週末の終わりには、来年もまたやろうということで意見が一致したのだった。
　それ以来、MADは成長してきた。毎年このシンポジウムを主催するかたわら、地元コペンハーゲンのコミュニティーのために、小規模な会合もいくつか開いている。ニューヨークとシドニーでは、座談会を行った。奨学金や補助金の制度も設けた。ぼくらが知り得た知識は、誰でも自由に利用できるように公開している。2017年にはVILD MADという、子どもから大人までのあらゆる人々を身近な野生の食べ物と結びつけることを目的とした、食材採集運動を開始した。また、数年以内には、若い料理人やシェフの教育活動に着手する予定だ。この野心的な活動によって、若い料理人たちの仕事の学び方が変わればいいと思っ

ている。

　そしてMADの目指すところ——人と人とを結びつけること——をつきつめたものが、今あなたが手にしているこの本だ。ぼくらが〈Dispatches（特報版）〉と名づけたシリーズの、この創刊号が、これまでMADを知っている人々以上に多くの人々の手にわたることを願っている。何より、まるで孤島で暮らしているかのように感じ、世界と結びつく方法を模索していた日々を思い出させてくれるメッセージを、この本は運んでいる。ぼくらが世界と結びつくことができたのは、おいしい食べ物のおかげだった。あなたとぼくは、信じるものや、政治的な立場は異なるかもしれない。でも、ぼくらはともに、おいしい料理を味わうことができる。世界の苦しみのすべてを、食べ物で癒すことはできないが、最初の一歩にはなる。食事をともにできるなら、会話だって生まれるはずだから。

レネ・レゼピ

はじめに

　あなたとわたしが異なる存在であることを示す証拠は、いくらでもある。

　日々の暮らしの中で、ほぼ四六時中、わたしたちはそれを思い知らされている。あなたとわたしは、姿かたちも違えば、声も違う。政治的信条や余暇の過ごし方、職業的関心がぴたりと一致する確率は、限りなくゼロに近い。たとえば、あなたはゴルフ好きかもしれないけれど、わたしはまったく興味がない。また、わたしは歌が下手だ――ほぼ確実に、あなたよりずっと。そして、あなたとわたしは、同じものを食べているわけでもない。

　わたしたちがそれぞれ異なっているという事実には、はかり知れない価値がある。アイデンティティも、人格も、創造性も、生存競争も、愛も、対立も、歩み寄りも、互いに異なっているからこそ生まれる。本書のテーマが食べ物であることから、食べ物もまた、それぞれ異なっていることでおおいに恩恵を受けていると予想できるだろう――さまざまな種類の食材、さまざまな生産地、さまざまな社会経済的条件、さまざまな歴史的影響、そしてさまざまな料理人たちから。

　食べ物に関する書物の多くは、それぞれの料理の特色を読者に知らしめることに重きを置く傾向がある。書店の料理本コーナーを見わたせば、日本やドイツ、ギリシア、モロッコ、スカンジナヴィア、中国、華北、華南、アメリカ南部といった、さまざまな国や地方の料理に関する本が、ずらりと並んでいる。メキシコ料理全般を取り上げた本もあれば、オアハカ州の料理に的を絞った本もある。ジャガイモ料理ひとつとっても、地元の有名シェフのレシピ本もあれば、地球の裏側のシェフの調理法を解説する本もある。

　実際のところ、食べ物に関していえば、世界のさまざまな料理の伝統を理解していることが、すばらしいとされる。つまり、食に関する詳細な知識を持ち合わせていればいるほど、すぐれた食通と目されるのだ。四川料理と湖南料理の特徴を明確に区別できれば、賞賛に値する。成都を訪れた後、アメリカの麻婆豆腐に何が足りないか説明できるようになれば、喝采を浴びるだろう。こうした傾向は、今に始まったことではない。すでに100年以上にもわたって、若く貪欲な中産階級の人々は、まるで勲章のように、そのような知識をせっせと身につけてきた（本書の後半で、歴史学者のポール・フリードマンが、19世紀の芸術家や知識人たちがトレンド仕掛け人の先駆けであったことを教えてくれる）。

　また、それぞれの料理が持つ特色は、その料理を作る人々のプライドの源

でもある。これは実に結構で、好ましく、重要な事実だ。人々は、一族に伝わるレシピや伝統から、尊厳と栄誉を──言うまでもなく、起業の機会も──与えられるべきである（後ほど登場する、サンフランシスコ在住の3人の女性たちは、まさに好例だ）。しかし、特色こそがすべてだと信じるのは簡単だが、危険でもある。特色が必要不可欠だと考えるようになれば、そもそも特色は本来備わっているものだと思い込んでしまうかもしれない。言い換えれば、何を好んで食べるかは、不変もしくは遺伝的に決定されていると信じてしまうかもしれない。そして我々の価値観や、優先事項や、能力や、人間としての価値までも、あらかじめ決定されていると信じ込んでしまうかもしれない。

　ずいぶんおおげさな、と思うかもしれない。だが、人々を仲たがいさせるために食べ物が利用された例は、数えきれない。たとえば、子どものころ、弁当の中身について、からかったりからかわれたりしたことがあるだろう。また、ある種のレストランはかつて、「エスニック料理」のレッテルを貼られていた。アフリカ系アメリカ人は、マスメディアで、あたかもフライドチキン中毒のように描かれていた。中国料理はかつて、不潔で、得体のしれない病気のもとと見なされていた。

　また、自分が何を食べるかで、他者との差別化を図ろうとする人々がいることについても、考えてみてほしい。〈私はグルメだ〉、〈私は完全菜食主義だ〉、〈私は韓国料理が嫌いだ〉、〈私はタイ料理が好きだ〉、〈私は魚を食べない〉、〈虫を食べるのはお断りだ〉など、など。極端な例を挙げるなら、キリスト教メノー派信徒たちがいる。何世紀にもわたって移住を繰り返し、一般社会と隔絶した生活様式を守り続けようとしている人々だ。経験豊かですぐれた作家であるマイケル・スナイダーは、メキシコの片田舎にあるメノー派信徒コミュニティーに滞在したときの記録を本書に寄せてくれた。彼が思い描いていたのは、外界からの影響を完全に遮断した生活を送る人々だった。しかし実際には、メノー派信徒たちは、メキシコ人が食べるチーズを製造販売し、昼食のテーブルにメキシコの香辛料やトウガラシを並べていた。この例からわかるように、たとえ地域社会と隔絶した生活を送ろうとしていても、やがては──しばしば、食べ物を通じて──結びついてしまうものなのだ。

　本書は、こうした結びつきの例を集めてつくられた。各章の冒頭には、ひとつの仮説が挙げられる（もっとも、「仮説」という言葉は科学的手法を暗示するので、少しばかり荷が重い。「所見」としておこうか）。曰く、ゴマは、世界にあまねく存在する。曰く、どこで燃えようが、火は同じである。曰く、人は誰でも、平たいパンで肉を巻く──わたしたちがそれぞれの仕事をきちんと果たせていれば、いずれの所見も、読者の想像力にさして負担をかけはしないだろう。

ニラのパンケーキとトルティーヤが、形態こそ異なるが、機能は似通っているという事実を理解するのに、さほど想像力をたくましくする必要はない。

こうした結びつきは、自然に生まれる場合もある。人間に一切れの肉と一枚のパンを与えてみれば、必ずパンで肉を巻こうとするように。また、人間が意図して結びつける例もあるようだ。カレーはインド発祥だが、中国や日本、タイ、ベトナム、南アフリカ、ジャマイカ、ポルトガル、イングランド、スコットランドなどの国の人々も、生まれたときから食べている。これらの国々のカレーは、けっして同じ料理とはいえないが、一見してカレーだとわかり、カレーとして食べられている。カレーは、作って食べる人々の好みに応じて、国をわたるごとに、適応と変化を繰り返している。

何を言わんとしているか、そろそろお気づきだろうか。単刀直入に言えば、この本が伝えようとしているのは、食材とアイデアと人間が、自由に世界を行き来することができて、はじめて料理が存在するということだ。移民を受け入れることで、おいしい料理が食べられるようになることは、まぎれもない事実である。人々が行き来すると、食べ物はおいしくなる。移民政策については、いずれの立場にも言い分はあると思うが、議論はえてして実を結ばない。なぜなら、いずれの側も、共通の土台を認めようとしないからだ。まずは全員の利益になることから話し合いを始めればよいのに、と思えてならない。

何も、教訓めいた話をするつもりはない。本書は、楽しく読める本を目指している。読み進むうちに――どこでも、気が向いた章から読んでかまわない――何かしらを学び、ときにはクスッと笑ってもらえたら、と願っている。本とは、食べ物と同じように、たとえ人を奮い立たせることを目的としていても、人に喜びを与えるものであるべきだ。

先ほどわたしは「仮説」という言葉を使うことをためらったが、ちょっとした内幕をお伝えするために、再びこの言葉を引っ張り出してみたい。本書のタイトル『You and I Eat the Same（あなたとわたしは同じものを食べる）』は、仮説である。これは、執筆者たちに依頼したエッセイが出そろう前に、とりあえず考えついた仮説であり、この説の正しさを証明することが、わたしの個人的な実験だった。このタイトルを決めたとき、果たしてこの説が正しいかどうか、確信はなかった。いまだに、あなたとわたしがまったく同じものを食べていると、言い切る自信はない。でも、食べ物がわたしたちを結びつけている事例を書き綴った数々のエッセイを読んだ後、自分以外の人々を、より身近に感じるようになったのは確かである。本書を読み終わった後、あなたも同じように感じてくれるとうれしい。

クリス・イン

人間は、平たいパンで肉を巻く

アラリン・ボーモント

　コンクリートは熱気をはらみ、街はさわがしい。私は手を伸ばし、なるべく人々の邪魔にならぬように代金を支払う。寡黙な店主が、目にもとまらぬ早業で、包みをひとつわたしてくれる。包みを開くと、軽く焦げた肉が、温かく柔らかい平たいパンからこぼれ落ちそうになる。ひと口かじり、私は歩き続ける。

　このような場面を想像するとき、頭に思い浮かぶのは、インドのコルカタの行商人がぶっきらぼうに手わたしてくれるカティ・ロールかもしれない。あるいは、暑く乾いたエルサレムの街角の、ラム・シャワルマ。または、中国の陝西省で食べられている、豚肉のこま切れをはさんだ肉夾饃(ロージャーモー)。それとも、私の故郷サンフランシスコのカルネアサダ・タコスかもしれない。どの場所であったとしても、イメージはぴたりと合う。

　平たいパンで肉を巻く行為は、世界中の料理に見られる基本的な食べ方だ。ケバブやタコスなどの、生まれた土地を離れて世界中で食べられるようになった料理もあれば、牛肉を載せたブリニや薄い小麦粉の皮で巻いた北京ダックもあるし、アイスランドでクリスマスの時期にラム肉の燻製といっしょに食べられるフラットカカもそうだ。地球上のどこを旅しても、デンプン質の皮で肉（もしくは主要タンパク源）を巻いた食べ物があり、人々はそれを求めて行列を作っている。

　それらの食べ物は、すでに巻いた状態で提供されるとは限らない。われわれ人間は、カレーやシチュー、スープ、大皿に盛った焼いた肉などに、大きな平たいパンを添えることも好きだ。ふかふかのパンをちぎって肉を包んだり、肉

人間は、たどり着いた土地で最も手に入りやすい穀物を用いて、平たいパンを作る。

トルティーヤで巻いたブリトー。持ち運びしやすく、高カロリーであることが好まれている。

汁に浸して食べたりすることほど、満足感を得られるものはない。こうした行動は、ベジタリアンにも広がっており、肉は豆類やタンパク質に富んだ野菜で代用されるが、パンのほうは同じものだ。

　平たいパンの製法は、かまどで焼く、蒸す、揚げる、鉄板で焼くなど、さまざまだ。厚さも、薄いクレープ状のものからふっくらとした揚げパンまである。あらゆる形状、色合い、風味、大きさがあるが、いずれも共通した重要な役割を果たしている。穀物があるところ、平たいパンあり。通常平たいパンは地元の人々の主食であり、おそらく誰かがそれで肉を巻いて食べることを思いついたと考えられる。

　ある種の平たいパンは、世界中に存在する。タコスは、アメリカのほぼすべての都市で食べられている。タコス専門店はもちろん、ファストフード店、ガソリンスタンド、または高級レストランでも。春巻きも同様だ。ケバブは、世界中の酔っ払いの腹を満たしている。そして、あのピタパンの便利なポケットを活用しない国など、いったいどこにあるだろう？

　平たいパンで肉を包んだ食べ物が世界中に存在することを、単純に歴史的に説明するなら、こうだ。肉に直接かぶりつく以外では、一片のパンで肉を包むのが、最も簡便で清潔な手づかみの食べ方だったのである。「ほとんどの人が日常のほとんどの食事をナイフやフォークを使わずに食べてきたし、その習慣は今日も続いている。指以外の道具を必要としない料理を考案することができ

餡餅というニラ入りパンケーキで巻いた牛肉。

れば、成功は間違いない」と、食物史家のビー・ウィルソンは述べている。

　人類は、少なくとも2千年のあいだ、平たいパンを使って肉を口に運んできた。最も古い記録は、紀元前1世紀にさかのぼる。ラビ・ヒレルが、過ぎ越しの祭りの期間中に、マッツォという種なしパンでラム肉と苦菜（セイヨウワサビとタチチシャ、またはキクヂシャ）を包んだといわれている。現在も伝統的に過ぎ越しの祭りの正餐で供されるヒレルのサンドイッチは、出エジプト記に記された規則から生まれた。ユダヤ人は、エジプトを脱出したイスラエルの民を偲んで、屠った羊の肉を焼き、酵母を入れないパンと苦菜とともに食べることが定められていたのである（そしてその夜、肉を火で焼いて食べる。また、酵母を入れないパンを苦菜を添えて食べる。——出エジプト記12章8節）。苦菜は奴隷生活の苦しみを表し、平たいパンは、エジプトを脱出するイスラエルの民にはパンを発酵させる時間がなかったことを表している。このサンドイッチはコレフと呼ばれ、この名前はヘブライ語で「取り囲む・包む」を意味する「karech」という言葉に由来する。

　ヒレルは、出エジプト記に記されていた過ぎ越しの祭りの規則に基づいてコレフの儀式を作り上げたが、おそらくすでに似たような食べ物を知っていたからこそ、それらの食材をパンで包んだと考えていいだろう。言い換えれば、肉と野菜をパンで包んだ食べ物は、少なくともヒレルの時代から存在したが、ウィルソンが『サンドイッチの歴史』（月谷真紀訳　原書房）で指摘しているように、中東ではそれ以前から食べられていた可能性が高い。

　平たいパンで肉を包んだ食べ物のいくつかは、歴史的に関連づけることができるが、おもしろいことに、それらの多くはさまざまな場所で同時発生的に生まれている。まるで、われわれの本能に刷り込まれているようではないか——人間は一切れのパンと肉を見れば、肉をパンで包み、口に入れたくなるものだ、と。

　人間は300万年ものあいだ、肉を食べ続けている。火の使用や調理技術が発達するはるか以前、人類の祖先が槌状の道具で肉をたたき、柔らかくして生で食べ始めて以来のことだ。人類が火を利用し始めた時期は熱い論争の的になっているが——200万年前から50万年前まで、推定される年代に幅がある——火の利用は、人類の歴史の初期に、異なる時代に離れた場所で、それぞれ別々に発明されたのである。

　同様のことは、平たいパンにも当てはまる。平たいパンは、おそらくかまどで焼かれた最古の食品であり、大航海時代や帝国主義時代、植民地主義時代はもちろん、パスタやトマトや香辛料、トウガラシ、チョコレートなどの食品の交易につながるその他の技術の発達よりも先に登場している。実際のところ、

ビデというトルコの平たいパンは万能で、肉を載せるなどの多くの用途に活用できる。

中国の一部の地方では、朝食に小麦粉と緑豆粉の平たいパン（煎餅）を焼き、ソーセージ、卵、ニラなどの具材を巻いて食べる。

　平たいパンはかまどの発明以前から存在していた。最初の平たいパンは、熱した石の上や、炉のくぼみに貼りつけて焼かれていたのである。
　われわれ人類は、身近にあるどんな穀物からも、平たいパンを作る方法を見出す。ライ麦からスカンジナヴィアのクリスプブレッドが、トウモロコシからメキシコのトルティーヤとベネズエラのアレパが、モロコシからスーダンのキスラが、米とウラド豆からインドのドーサが作られる。アジアの北部と中部、及びアフリカの一部では、小麦粉を主原料としたナンやサンガックというパンがタンドールというかまどで作られ、ラム肉を巻くのに使われる。さらに北上すると、標高が高く寒い土地でも栽培可能な大麦を原料にして、裏返した中華鍋の上でファ

アメリカの一部の地方では、朝食に小麦粉のパンケーキを焼き、ポークソーセージを巻いて、メープルシロップにひたして食べる。

ティールが作られる。マリでは、キビを主原料としたンゴメに、肉と野菜を載せる。チュニジアでは、セモリナ粉を主原料としたホブス・タブーナというパンがタンドールで焼かれている。

　エチオピアでは、6千年前から3千年前のあいだのいずれかの時期にテフが主要な穀物となり、インジェラというスポンジに似た平たいパンが作られた。こねたテフを発酵させる際にできる気泡が、焼いているあいだにはじけ、出来あがったパンに何百もの小さな穴が開くのだ。焼きあがったインジェラは、テーブルクロスのように広げられ、マトンや野菜の煮込みや、ティブスという牛肉のぶつ切りを焼いたものを少量ずつ載せて食べられる。エチオピア料理店で食事をしたことがある人なら、インジェラをよく知っているはずだ。インジェラの生地は、ソバまたはモロコシを混合した即席ミックスを使って作られることも多い。

　南アジアでは、米粉をウラド豆とともに発酵させてインドのドーサが作られ、レンズマメやジャガイモのマサラを包んだり、ラム肉や鶏肉を包んだりするのに使われる。ベトナムでは、バインセオというパンが米粉とココナッツミルクから作られ、豚肉やエビ、ハーブやモヤシを載せて、オムレツのようにたたんで食べられている。ベトナムには、他にも平たいパンがある。バンチャンと呼ばれるライスペーパーを蒸し、あぶった豚肉や魚、肉団子、ネムヌォンという串焼きソーセージなどを巻いて食べるのだ。

　一方、中央アメリカでは、最古の穀物はトウモロコシである。何千年も前か

ピデの成形。

ら、人々はトウモロコシを使ってマサという生地を作り、タマレスに似た料理を作っていた。だが、トルティーヤを作ることができるようになったのは、ニシュタマリゼーションと呼ばれる技術が登場した紀元前700年ごろからである。アステカ族の料理人が、トウモロコシをアルカリ（石灰）水に浸して穀粒を分解することで調理時間を短縮し、パンを長持ちさせ、栄養価を高めるという気の利いた工程をいかにして考案したかは、いまだ明らかになっていない。だが、紀元前300年までには、トルティーヤは中央アメリカを代表する食べ物になっていた。オアハカ州の農民たちは、狩りの獲物の肉を包んでいた。別の土地では、豆類やカボチャが主な具材だった。この食べ物を最初にトルティーヤと呼び始めたのは、16世紀のスペイン人入植者たちだと考えられる。トルティーヤとは、「小さなケーキ」の意だ。考えてみれば、料理史上最大の発明のひとつにつけられ

木炭のかまどで焼かれるビデ。

たにしては、やや安直な名前である。
　スペイン人入植者が新大陸に小麦の大農園を造り、家畜類を持ち込んだことから、牛肉料理のカルネアサダや、ヤギ肉料理のビリアや、豚肉料理のカルニタスなどのタコスが生まれた。アル・パストールは、レバノン料理のシャワルマがルーツだ。シャワルマは、オスマン帝国の崩壊が始まった19世紀後半に、中東からの移民がユカタン半島に持ち込んだ料理である。焼き串に一枚ずつ肉を刺し、かたまりにして焼くこの料理は、中央メキシコに伝わっていくうちに、ラム肉の代わりにトウガラシに漬け込んだ豚肉で作られるようになった。小麦粉で作ったトルティーヤは16世紀に出現し、もっぱらヨーロッパ人入植者たちが食べていたが、19世紀ごろからは、メキシコ北部のコミュニティーでもしだいに食べられるようになった。

トウモロコシのトルティーヤ。世界中の人々に愛されている。

　さらに北に住むネイティブ・アメリカンにとって、入植者たちとの食にまつわる共益的経験はそれほどなかった。ヨーロッパ人の到来以前は、ネイティブ・アメリカンたちの食生活は、地域に密着した穀物によって成り立っていた。アメリカ南西部のココパ族とユマ族は、メスキートという豆をすりつぶし、平たいパンを作っていた。北西部の住民はバンチグラスというイネ科の植物を製粉し、南部の人々はトウモロコシを栽培して、トルティーヤに似た平たいパンを作っていた。

　しかし19世紀には、ナバホ族などの多くの部族が土地を奪われ、ニューメキシコ州の保留地への移住を余儀なくされた。その土地では、穀物を植えても育たなかった。アメリカ政府は小麦粉、砂糖、ラード、缶詰の配給を行い、これらの限られた食材から、ネイティブ・アメリカンたちはフライブレッドを作り出した。精白された小麦粉の生地をラードで揚げた、柔らかい平たいパンである（今日では、ニューメキシコ州やアリゾナ州のレストランで、牛ひき肉とチーズを載せたフライブレッドが「ナバホ・タコス」として提供されている）。

　いろいろな意味で、平たいパンは、必要から生まれた食べ物である。平たいパンは、限られた資源から生み出された。これらのパンが今も変わらず食べられているのは、われわれの本能に潜む何かが、平たいパンを食べることを求めているからである。

世界の代表的な平たいパンのごく一部を、主要穀物ごとに分類した。これらのパンは通常、肉（場合によってはタンパク質の豊富な野菜類）に添えられて、もしくはそれらを包んで提供される。カッコ内の地名は、当該のパンが最も多く見られる地域だが、ご存じのとおり、平たいパンは至るところに存在する。多くの重複や相互交流の例が存在する。

大麦
- バレ（チベット）
- ファティール（サウジアラビア）
- フラトブロー（ノルウェー）

オーツ麦
- フラトブロー（ノルウェー）

キビ
- バジラ・ロティ、バジリ・バークリ、バジリチ・バークリ（インド）
- ンゴメ（マリ）

キャッサバ
- カサベ（ドミニカ共和国）
- バミー（ジャマイカ）

小麦
- 揚げパン（トリニダード・トバゴ）
- エクメキ（トルコ）
- ギョズレメ（トルコ）
- クレープ（フランス）
- サバーヤド（ソマリア）
- サンガック（イラン）
- 焼餅 シャオビン（中国）
- 餡餅 シャンビン（中国）
- ジャンピン（台湾）
- シールマール（インド）
- ダル・プリ（トリニダード・トバゴ）
- タンドーリ・ロティ（インド）
- チャパティ（インド）
- 春餅 チュンビン（中国）
- トゥンブロード（スウェーデン）
- トラピッツィーノ（イタリア）
- ナン（中央アジアとインド）
- ナン（中国）
- ナン・イ・アフガニ（アフガニスタン）
- 白吉饃 バイジーモー（中国）
- ハチャプリ（ジョージア）
- パラータ（インド）
- バルバリ（イラン）
- バレップ（チベット）
- パンケーキ（アメリカ）
- ピアディーナ（イタリア）
- ピタ（地中海沿岸地方と中東）
- ピデ（トルコ）
- ブリニ（ロシア）
- フライブレッド（アメリカ）
- ポピア、ルンピア（東南アジア）
- ホブス（イラク）
- ムルタバ（マレーシア）
- ユフカ（トルコ）
- ラヴァシュ、ラヴォッシュ、ラワーシュ（中東）
- 烙餅 ラオビン（中国）
- ラフマジュン（トルコ）
- ラホーハ（北アフリカ）
- ルマリ・ロティ（インド）
- ロティ・カナイ（マレーシア）

米
- チョカ・ニ・ロトリ（インド）
- 腸粉 チョンファン（香港）
- ドーサ（インド）
- バインクォン（ベトナム）
- バインセオ（ベトナム）
- バインチャン（ベトナム）

ジャガイモ
- レフセ、ロンペ（ノルウェー）

セモリナ
- ケスラ（アルジェリア）
- パーネ・カラザウ（サルデーニャ）
- ムサメン、マラウィ（北アフリカ）
- ラガイェフ（モロッコ）

ソバ
- ガレット（フランス）

テフ
- インジェラ（エチオピア、エリトリア、ソマリア）

トウモロコシ
- アレパ（ベネズエラ）
- エイシュ・メラフラフ（エジプト）
- トルティーヤ（メキシコ）

モロコシ
- キスラ（スーダン）
- ジョワル・ロティ（インド）

ライ麦
- クネッケブロー、クネッケブレード、クネックブレド、ナッキレイパ（スカンジナヴィア）
- シュッテル・ブロット（オーストリア）
- フラットカカ（アイスランド）
- ボラニ（アフガニスタン）

いろんなことは、フォークの持ち方で決まる

ウェンデル・スティーブンソン

　私は、昼食に招待されていた。招いてくれた人たちは、テラスで食事するには寒すぎないかと心配したが、私はピレネー山麓の美しい景色を見逃すのはもったいないと言い張った。客の望みは尊重され、服の上に着るセーターが持ってこられた。さて食事が始まると、鯛の姿揚げの骨を指で取っていいかどうか気になり、そわそわして会話も上の空になったので、意を決して打ち明けることにした。
　「自分のマナーが気になってしかたがないんです。だって、テーブルマナーの本を書いた方と食事をしているんですから……」
　主人夫妻は、笑いだした。
　「あら、私たちだって、うちではマナーなんか気にしないのよ！」と請け合ってくれたのは、マーガレット・ヴィッサー博士だ。著名な文化人類学者にして『The Rituals of Dinner: The Origins, Evolution, Eccentricities, and Meaning of Table Manners（ディナーの儀式：テーブルマナーの起源、進化、逸脱、そして意味）』の著者である。1991年に出版されたこの本は、われわれが今のようにフォークとナイフを使うようになった理由や、それらがわれわれ自身や社会を映す鏡であることを解き明かした、不朽の名作である。
　魚料理と白ワインを楽しんだ後、食べごろにとろけたエポワスチーズが出てきて、マーガレットの夫のコリンがチーズに合う赤ワインのボトルを開けてくれた。コリンとマーガレットはどちらも南アフリカ共和国出身で、カナダに移住して2人の子どもを育て、トロントの大学で教授の職に就いていた。現在は引退し、

フランス南部のトゥールーズにあるアパートと、私がお邪魔した古い大きな田舎家とを行き来しながら暮らしている。私自身はイギリス出身のアメリカ人で、現在はパリで暮らしている。当然ながら、私たちは祖国を離れた人々がよくやるように、住んでいる国の奇妙な社会的習慣を話題にした。フランス人は買い物をするとき店主にきちんと挨拶をすることにこだわっていて、何も買わないうちから「ボンジュール」と声をかけること、レストランの常連客はなじみの店に行くと給仕長と握手をすること、チーズの種類によってカットのしかたが違うこと、晩に楽しむアルコールの順序が厳密に定められている――甘い食前酒、食中酒のワイン、ブランデーを使った食後酒と続く――ことなどだ。

　食事とはけっして食べる行為だけを意味するものではないと、マーガレットは30年来主張してきた。著書で述べているように、「われわれは、食事を社交の媒体として利用している。すなわち、最も個人的な必要を満たすことが、コミュニティーを築く手段になるのだ」。身近な家族から高貴な王族に至るまで、そして封建主義においても連邦主義においても、食事はコミュニケーションであり、心の交流である。食事は、社会的地位と関係を決定する。食事は、政治である。

　マーガレット・ヴィッサーの父親は、鉱山技師だった。マーガレットは、1940年代から1950年代の少女時代をザンビアの銅山の町で過ごした。

　「発展から取り残された、典型的な植民地よ。まともなものはほとんど食べられなかったわ。両親は植民地世代だったから、食べられるものさえあれば十分だと考えていたの」

　つまりは、缶詰のソーセージ、サンドイッチスプレッド、コンデンスミルクという食生活だった。特別な機会には、「骨の髄までエドワード朝の人間」だった父親が、さながら剣を構えているかのような仰々しさでナイフを研ぎ、ローストビーフを切り分けた（それは、肉を切り分けることが貴族に不可欠の社交技術とされていた時代の名残であったことを、後にマーガレットは自らの研究で知ることになる）。母親の唯一の手料理は、ロースト・ポテトだった。料理は、乳母の仕事だったのだ。乳母は地元の女性で、自分自身は食べないヨーロッパの料理を、日々作り続けていた。

　父親は、物語をたくさん知っていた。マーガレットは6歳のときに、スープが熱すぎて飲めない3人の子どもの話を教えてもらった。子どもたちの父親が熱いスープをどうするかとたずねると、上の息子は吹いて冷ますと答えた。下の息子はかき混ぜて冷ますと答えた。そしてこの物語の主人公である末娘は、スプーンを置いてスープが冷めるまで待つと答えた。マーガレットは、この寓話を聞いて、大いに戸惑ったことを覚えている。

　「『スープを吹いて冷ましたら、なぜいけないの？　冷めるまで待つのが、な

食事をともにすることは、人間の基本的行動だ。

ぜ正しいの?』って思ったの。その疑問から、2冊の著書が生まれたのよ」

　ヨーロッパ人は、テーブルで食事をする。子どものころ、マーガレットはよく乳母の家を訪れた。そこでは（多くの文化の多くの家庭でするように）、人々は床に座り、大鉢に盛られた料理を分け合って食べていた。テーブルでの食事と床の上での食事はどこが違うのかとたずねると、マーガレットはほほ笑んだ。

　「床に座って食事をすると、人々は同じお皿の料理を分け合うようになるの。テーブルにつくと、ばらばらに引き離されてしまうから、それぞれのお皿で食べることになる。集団での食事と、個人での食事という違いね」

　18年間大学でホメロスや古代ギリシアについて教えた後、マーガレットは日常的な修辞表現と伝統に関する調査を始め、ラジオの討論番組や、『The Way We Are（ありのままの私たち）』と題した雑誌のコラムで、サンタクロースからアボカド、ハイヒール、チップ制度、そして頭音転換（a crushing blowを a blushing crowと言い間違えるように、2つ以上の語の頭音を誤って転換すること）に至るまで、見過ごされがちな学問分野をことごとく追究した。

　「あのころは、進むべき道を探していたの。人間の行動の裏にある理由について、言いたいことがたくさんあったから」

　食べ物と、食事という必要不可欠な日常行為を研究することは、その最適の道と思われた。

　最初の著書『Much Depends on Dinner（いろんなことは、ディナーで決まる）』は、1986年に出版された。シンプルなメニューを取り上げ、その歴史や現代に至るまでの変遷、使用される食材の社会的意味について、詳細に解説した

鍋料理を分け合う3人の女性。

次の見開き:
鍋料理を分け合う2人の女性。

本である。アメリカ大陸原産の農作物に過ぎなかったトウモロコシが、世界中で利用される巨大産業に進化を遂げたことについて述べ、養鶏場の残酷な飼育法があまり知られていなかった時代に、安価な鶏肉に倫理的疑問を投げかけた。

この本がベストセラーとなり、アメリカとイギリスで数々の賞に輝いたことは、驚きをもって迎えられ、食べ物のみならず、歴史や人間の行動そのものにも触れた、新たな書物の分野の基礎を築くことになった。ジャガイモやタラや塩の来歴が語られるようになったのはうれしいことだ、とマーガレットは言う。

「ありふれたものにおもしろみを見出すことは、現代的だし、とてもいいことだと思うの……一種の民主主義であり、平等主義でもあるものね。私たち平凡な人間が、自分もまた興味深い存在なんだと声をあげることだから。王様や将軍のような人たちだけでなくね」

続いての著書『The Rituals of Dinner』では、食事のしかたに関する調査に乗り出した。アマゾンの原住民族からヴィクトリア朝時代の食堂、聖書の記述、

28　世界は食でつながっている

アメリカのスーパーマーケットの通路に至るまで、幅広いトピックを取り上げ、さらに多くの事柄や習慣、慣例、伝統、タブーを比較し、対比している。フォークを使うことに何の意味があるのか（私自身も、しばしば同じ疑問を抱く）、そしてフォークの先が4本に分かれているのはなぜか？　なぜ日本では箸をご飯に突き刺すことがタブーとされるのか？　なぜ西洋人は食事の最後に甘いデザートを食べるのに、中国人はスープを飲むのか？

　技術の進歩によるものだと説明できる例もある。たとえば、皿の役目を果たしていたパンの代わりに、陶器が使われるようになったこと。また、流行で説明できる例もある。前菜の後に主菜、デザートと続くコース料理の形式は、18世紀にパリでロシアの外交官が流行らせたものだ。それ以前は、ヨーロッパの上流階級の晩餐会では、料理は一度にテーブルに並べられ、食事をする人々がめいめい好きなものを取って食べていたのである。さらに、安全のために考案された習慣もある。武器であるナイフを手わたすときは、柄の方を相手に向ける。フォークは、肉を切り分ける際に肉を固定する先端がとがった器具から進化したもので、指を脂で汚さずに食べる方法として、中世後期にイタリアとスペインで流行した。だが、フォーク批判派の人々は、豆を口に運ぶときにフォークは役に立たないと、何世紀にもわたって主張し続けている。

　テーブルマナーは、複雑な社会的交渉を例示し、体系化したものだ。マーガレットは、何千年にもわたるジェンダー間の支配関係の歴史をさかのぼって論じている。古代ギリシアでは、討論会に参加できるのは男性のみだった。イングランドには、男性がポートワインと葉巻を楽しめるように、女性が先に食堂を退く習慣があった。アフリカの多くの文化では、夫が最もおいしいごちそうを食べ終わってからしか妻は食べ始められないという伝統がある。

　上品と見なされる行動基準の違いは数多く存在し、しかも互いに矛盾している。ある地方では、旺盛な食欲を見せることが礼儀とされる。他の地方では、客は空腹でないかのように慎み深くふるまうことが求められる。おならが敬意の表現とされる社会もあれば、無作法と見なす社会もある。つば吐きや喫煙は、かつてのヨーロッパ社会ではまったく問題なかったが、そのような時代はもはや過去となった。私が知る限り、時代と場所を隔てた人々を結びつける、共通の礼儀正しさというものは存在しない。以前クルジスタンで、族長の家の昼食に招かれたときは、食事のあいだは誰も口をきかず、できるだけ早く席を立ち、他の人々に場所を譲っていた。ジョージアの山岳地帯の貧しい村の一家と食事をしたときは、いつまでも帰してもらえず、果てしなく乾杯が続いた。そのたびに、私は名誉をかけて注がれた酒を飲み干さなければならなかった。このような経験をしたとき、混乱と気まずさを抱いたものだ。私はそれまで、集まって食事を

コーヒーをともに楽しむ人々。

することやパンを分け合うことは、世界共通の社会的慣習の最たるものだと思っていたのだ。マーガレットの著書のカニバリズムに関する章を読んだ後、果たして人類に共通する人間性というものは存在するだろうかと疑いたくなったものである。

　世界のテーブルマナーに共通する統一テーマは存在するかとたずねると、マーガレットは首を横に振った。

「嫌悪感は生まれつき備わっているものではなく、後天的に学ぶものなの」

仲間が多いほど、食事は楽しい。

　規制や儀式は、「理論上の共通性」を表すに過ぎない。規則がどんなものであるかは関係なく、規則が存在し、合意のもとに作られたという事実が重要なのだ。それらの規則を破れば追放につながることが多く、守ることにほとんどの人が苦痛を感じないものだということも。マーガレットは『The Rituals of Dinner』で、アステカ帝国のカニバリズムは、習慣的に行われ容認されたものであったと同時に、高度に儀式化されており、「他のどのような食事と比べても、マナーに欠けるということはなかった」と述べている。

これまでに目撃した悪いマナーの例を強いてたずねてみると、マーガレットはしばし考え、口を開けたまま食べ物を咀嚼する癖がある友人の例を挙げた。その女性は、自分がめったに夕食に誘われないことを不思議がっているという。私自身も、さまざまな国や文化の体験を思い返してみた。暴動や対立で無防備な人々が打ちのめされる光景も目にしたし、人を愚弄する差別的な声も耳にしてきた。強盗にも遭ったし、セクハラも受けた。だが、食事中にひどく無作法なふるまいをする——食べ物を横取りしたり、ゲップをしたり、手で食べ物を口に押し込んだり、しつこくお代わりを要求したりする——人は、ただの一度も見たことがなかった。食事のエチケットは、どうやら宗教や道徳より強く人の意識に刷り込まれているものらしい。

「マナーに従わない人は、容赦なく拒絶されかねない。それほど、マナーは重要なものなの」

　マナーは首尾一貫したものではないが、完全に恣意的なものだとは、マーガレットは考えていない。マナーの起源、用法、理由を精査した結果、「世界共通のマナーは、食べ物を分け合うことと、公平性の概念」だと考えている。規則が存在することは、食事の時間は食べ物をめぐる戦いではないことを意味している。

「人間は毎日食事をしなければならないし、食卓につくたびに大さわぎが始まるようでは、あまりにも面倒でしょう？」

　マナーは社会の団結と協調を生み出すと考えたいところだが、私がそう言うと、マーガレットは首を横に振った。行動規範は、人を受容するためにも、排除するためにも利用され得るものなのだ。主人と客のあいだには、微妙な力関係——提供と受領、責任と義務の関係——が存在する。マーガレットによれば、あらゆる儀式の中核には、基本的な暴力の脅威が存在し、その脅威は合図や信号で克服されなければならないのだという。

　その夜は、泊まっていくように誘われていた。夕食はコリンが腕をふるい、ミートボールとスパニッシュ・オムレツを作った。私はよきゲストであろうと努め、食事の後で食器洗いをした。返礼は礼儀正しい行為だと教えられてきたことを、はっきりと意識していたからだ。翌朝目覚めたとき、疑問はさらに増えていた。フォークの意味を理解するよりさらに重要なことは、フォークの存在そのものに疑問を呈することだと気づいたのだ。マーガレットの研究の中心には、並外れた好奇心が存在する。彼女は食事と社会に関する革新的な研究を行って以来、感謝の念や運命や建築に関する書物を著している。マーガレットの世界では、何ひとつ当然のこととして見すごされはしない。

「私は、ありふれたものが退屈だとは思わないの。あたりまえのことだけど、

どこにでもあるものは得てして一番重要なことだし、歴史と政治と意味を持つ、影響力のあるものなのよ」

コリンが昼食のタジン料理を作っているとき、マーガレットに最後の質問をぶつけてみた。

「人間性を決めるものは、何を食べるかということでしょうか。それとも、どう食べるかということでしょうか？」

マーガレットは著書『Much Depends on Dinner』で、稲作には膨大な労働力が必要とされることから、個人より集団を重んじる社会文化が生まれたと述べている。

単一文化への傾倒が深まりつつあることは、文化的差異を消し去りかねないグローバリゼーションの反映だろうか？　西洋では、ダイニングルームは絶滅しかけている。多くの人々が、ひとりぼっちでテレビを相手に食事している。世間には、肥満がはびこっている。マーガレットは、そこに相関を見出している。

「消費者主義（コンシューマリズム）という用語は、consume（消費する、食べる）という動詞に由来している。これは、食べ物のメタファーよ。今や私たちは、食べ物と食事に連動した経済システムを有しているの」

安価な加工食品は、さらにその食品が欲しくなるように、至福点（ブリスポイント）が注意深く計算されて作られている。

「私が思うに、1パーセントの人間が90パーセントの富を手にすることができるように、巧みに管理されているの。それでも一般大衆は黙っている。なぜ自分が太っているのか、なぜ寂しいのか、なぜ気晴らしに買い物をする必要があるか、理解していないから」

食事の儀式は、価値観の代理を務める。価値観の変化に伴って、儀式も常に変化している。私がこれまで生きてきたあいだにも、形式にこだわらない（私が手づかみで魚を食べたような）風潮が強くなってきた。それは、親や祖父母の世代にとっては容認できないことかもしれない。これは家族のつながりがゆるんだり分裂したりしつつある現状に対する反応かもしれないと、マーガレットは仮定している。結局のところ、形式とは、距離を作り出すことなのだ。形式にこだわらない風潮は、温かい目で見れば、再びいっしょにいたいという願いの現れかもしれない、とマーガレットは言った。

だが、マーガレットはけっして安易に答えを出そうとはしない。

「でも、今度は形式を重んじることが無礼だと見なされている。この傾向は、これまでの風潮の裏返しに過ぎないの。つまり、同じことなのよ。私たちがやってきたことは、『あれの代わりにこれをしよう』ってことだけ」

マナーというものが存在してもしなくても、人はマナーから逃れられないのだ。

メノナイト・
チーズは
メキシコのチーズ

マイケル・スナイダー

　　今は午前7時、場所はメキシコ北部のドゥランゴ州のちょうど中心に位置する、メノー派信徒（メノナイト）の居留地だ。ハイウェイの向こう側にあるメキシコ人の街では夏時間を遵守しており、すでに8時になっているが、あと2時間しなければどこの店も開かない。だが、ここメノナイトの居留地は、まったくの別世界だ。いまだに日の出とともに一日が始まり、神以外の何者も彼らの仕事を止めることはできない。

　　エイブラハム・クラッセンの一日は、居留地時間の午前5時に始まる。18頭の牝牛の乳を搾った後、妻と3人の子どもたち、その配偶者らと食卓につく。黙とうの後、インスタントコーヒーと自家製のバターとジャムを塗った自家製のパンで、朝食をとる。7時前には古ぼけた木製の荷車を、義兄のくたびれたオレンジ色のトラクターの後部につなぎ、近所の農家へ牛乳の集荷に出かける。

　　前日の夜の大雨で、オーツ麦の畑は水浸しになっていた。数週間後に夏の収穫の最盛期を迎えるはずだった背の低いトウモロコシは、よどんだ水にどっぷりと浸かっている。白い塀や教会の前を、ゲルマン民族らしい厳密さでまっすぐ伸びている轍だらけの未舗装の道路は、完全に水没していた。

　　「今日みたいな日は、畑は泥だらけで、まるで仕事にならんよ」

　　湯気がたつミルク缶を荷車に担ぎ上げながら、クラッセンはスペイン語で私に言った。目を細めて見上げた先には、ガーゼのような薄雲が、広大な辺境の空を覆い隠すように広がっていく。

メキシコのドゥランゴ州で酪農を営むエイブラハム・クラッセン。

「だが、やることはいくらでもある。何かができないときは、別のことをすりゃいいんだ」

クラッセンの一族は、1924年にカナダからドゥランゴに移住した。隣接するチワワ州にメキシコ初のメノナイト居留地が建設されてから、2年後のことだ。この地に移り住んで3世代目に当たる彼の言葉には、生粋のノルテーニョ（メキシコ北部の住人）らしい訛りがある——早口で皮肉たっぷりで、気をつけていないと何ごともジョークにされてしまいそうだ——が、母国語である低地ドイツ語の歯切れのよい発音のせいか、少しぶっきらぼうに聞こえる。

クラッセンと義兄のエイブラハム・ウォールは、12組いる牛乳集荷業者の一員だ。毎日、朝と晩に、2万2,000ヘクタールに及ぶ土地に広がる34個のメノナイト居留地を回り、牛乳を集荷している。何トンもの牛乳を集め、この谷間で最大の企業である〈ケセリア・オランダ〉に納入するのだ。

1970年にメノナイトたちによって創設された〈ケセリア・オランダ〉は、1993年以降、協同組合として運営されている。組合の利益は、牛乳の生産者と運搬者、そして〈ケセリア・オランダ〉の工場でチーズの加工に従事している、土地を持たない若者を含めた組合員のあいだで分配される。今日では、ドゥランゴに住む8,000人のメノナイトが生産する牛乳の80パーセントが〈ケセリア・オランダ〉の工場に納められ、年間約3万2,000トンの牛乳が3,200トンのチーズに加工されている（残りの牛乳のほとんどは、2軒の小さな工場と、相当数の個人生産者が使用する）。つまり、平日は毎日平均100トンもの牛乳が集荷される計算になる。20年前まで電力をほとんど利用せず、10年前まで自動車を持たなかったコミュニティーにしては、驚くべき量だ。

メノー派で最も保守的な一派であるオールド・コロニー・メノナイトは、質素に生きよというキリストの教えの極端な解釈を実現するために、あえて時代錯誤な生活を送ることで知られている。テレビやインターネットなどの現代的テクノロジーを使用せず、超保守派の人々は自動車や電気すら使わない。要するに、彼らは外界から影響を受けない生活を送っているのだ。ドゥランゴでは、酪農がそのような夢物語を可能にした。

〈ケセリア・オランダ〉からの収入で、コミュニティーはドイツ語学校を運営し、道路を維持し、井戸を掘っている。居留地内の紛争にはコミュニティーが司法的判断を下し、外界の技術革新のどれを、いつ取り入れるべきか、コミュニティーが決定している。教員やコミュニティーの長——2年ごとにコミュニティーの成人男性によって選出される——の給料は、牛乳の価格に従って計算される。

ドゥランゴに到着後、私が最初に会った人物は、〈ケセリア・オランダ〉の理事長のアイザック・エンズだった。私たちは、ヌエボ・イデアル（「新たな理想」

午前中に集荷した牛乳を納入するクラッセン(左)。

の意)──コーヒーや小麦粉、携帯電話、弁護士など、メノナイト居留地で生産できないもののすべてを提供するメキシコ人の街──にある、アルマス広場を見わたす薄暗い白い箱のような建物の出荷事務所の中に座っていた。黒いオーバーオールにチェックのシャツ、つば広のカウボーイ・ハットという典型的なオールド・コロニー・メノナイトの服装ながら、注文票や送り状をきちんと積み上げた長机の上で腕を組んだエンズは、ひどく折り目正しく見えた。親しげにほほ笑んで率直に語る彼の、深いしわが刻まれた顔には、時おり少年のようないたずらっぽい表情がのぞく。

「最近、あることわざを耳にしました。もちろんドイツ語でしたが、おおむねこういう意味です。『子どもたちに与えられる最良のものは、自分が父親から与えられたものだ。それができなければ、魂は死んでしまう』」

エンズは言葉を切り、正しく翻訳できたかどうか頭の中で確かめていたが、やがて納得したらしく、再び口を開いた。

「われわれの伝統が、われわれを生かし続けているのです」

翌朝の畑では、新たに降った雨に濡れたトウモロコシの茎が、つやつやと輝いていた。水たまりには、谷間を砦のように取り囲む、低くごつごつとした山脈がくっきりと映っている。クラッセンは、最後のミルク缶を荷車に積み込んでいた──ミルク缶は約90個あり、合計2,500リットル以上に及ぶ。私は彼に、子どものころはどんな仕事につきたかったかとたずねてみた。クラッセンはほほ

〈ケセリア・オランダ〉の理事長アイザック・エンズ。

　笑み、そんな奇妙な質問をされたのは初めてだと言わんばかりに青い瞳を輝かせた。そして、ためらうことなく答えた。
　「今やってる仕事さ」
　ヌエボ・イデアルは、メキシコ北部のどこにでもある小さな町のように見える。ほこりっぽく、起伏がなく、活気にあふれている。四角いずんぐりとした建物の前面は、かつてはピンクや青緑などの明るい色に塗られていたが、強い日光と風、時おり襲う豪雨に長年さらされた結果、灰色に色あせている。〈ツインズ〉や〈モンタナ〉という名前のレストランでは、60センチもあるブリトー・ギガンテスや、湯気が立つメヌード（牛の胃袋のスープ）が売られている。平日の午後には、緑豊かな中央広場に大家族が集まり、わずかな日陰でくつろぐ姿が見られる――ただし、エル・タリバンという怪しげな人物の配下にある地元ギャングが、銃を

振り回して威嚇する日以外のことだが。

　地方自治体として統合される以前、ヌエボ・イデアルはロス・パトスと呼ばれる小さな農村だった。村の名前は、谷間に点在する浅い沼で冬を越すためにカナダから飛来していた、何千羽ものカモ（パトス）に由来する。この村が1989年に地方自治体となり、現代的な町に生まれ変わることができたのは、カナダからの別の移住者たちのおかげである。すなわち、1924年6月15日に、サスカチェワン州から6両の汽車で到着した、最初のメノナイトたちだ。

　アイザック・エンズの曽祖父は、ロス・パトスに最初に入植したメノナイトのひとりであり、優雅なゴシック体の低地ドイツ語で書かれた日記を残している。エンズは私と会った日に、話してくれた。

　「入植者たちは、全財産をまとめてここにやってきました。衣類、家具、調理道具などはもちろん、馬やニワトリ、牝牛まで連れてきたのです」

　外界と隔絶した生活を維持するために必要だと思われるものを、すべて持ち込んだのだ。

　16世紀に宗教改革の一端としてドイツ北部で宗派が成立して以来、メノナイトは移住を繰り返してきた。その後3世紀にわたって、オランダ、ポーランド、シベリア、現在のウクライナと、常にある基本的条件を満たす場所を探し続けた。すなわち、耕作に適した広大な土地、兵役の免除を認めてくれる政府（メノナイトは平和主義者であるため）、宗教表現の自由（かつて物議をかもした成人洗礼を含む）、そして自分たちが適正と見なす教育を子弟に施す自由である。

　メノナイトはよく「この世にありながら、この世のものとなるなかれ」という言葉を口にするが、これはヨハネによる福音書の一節の、ひとつの解釈である。この言葉を実践するために、彼らは閉鎖的な社会を作り上げ、政治や権力、そして20世紀以降は現代生活そのものから遠ざかっている。移民たちの多くがよりよい未来を求めて祖国を離れるとすれば、オールド・コロニー・メノナイトは、より自由な過去を求めて祖国を離れるのだ。

　メノナイトがドイツの閉ざされたコミュニティーで暮らすようになったのは、他の宗派による迫害から逃れるためである。スイスでは、湿地帯を干拓する術を学び、チーズを製造した。1562年には、ポーランドの富裕な一族に招かれ、グダニスク（ドイツ名：ダンツィヒ）郊外のヴィスワ川流域の湿地帯に入植した。18世紀後半にプロイセン王国がその地域を併合した際、ルーテル教会は他の宗派の土地獲得の制限を政府に強要した。特に、すでにヴィスワ川周辺の沼地を耕作地に変え、土地保有面積を拡大していたメノナイトが標的にされた。メノナイトを市民として受け入れる国は、どこにもなかった。

　1762年、エカテリーナ2世は、ロシアの広大な内陸地域に外国人移民の

受け入れを奨励する勅令を出した。メノナイトらはその招きに応じ、ロシア国民に対して布教活動を行わないという条件で、1789年にクリミアに最初の居留地を開拓した。グダニスクのときと同様、ロシアでもメノナイトの人口が急速に増えた。メノナイトは小麦を栽培し、彼らの農場で小作人として働くロシア人農夫と比べて裕福だった。そして子孫の世代に土地を供給するために、南はコーカサス、東はサマラ、シベリア、満州へと、何百もの新たな居留地を開拓し続けた。

1870年、アレクサンドル２世は、祖母が認めた兵役免除を取り消した。その年、ロシアに住む５万人のメノナイトの３分の１が、身の回りの物だけを手に、北米大陸に逃れた。北米大陸では、アメリカのホームステッド法やカナダの領地法により、広大な中央平原の開拓が進んでいた（もちろん、北米大陸の先住民が犠牲になった）。約7,000人の最保守派のメノナイトたちが、カナダにわたった。カナダでは規則がより寛容だったため、ロシアに残してきた世界を容易に再生することができたのだ。このとき、彼らは自らを表す名称として Altkolonier、またはオールド・コロニーという語を用い始めた。

カナダ政府が1918年に英語による教育を義務化した際、主にマニトバ州とサスカチェワン州に住む最保守派のメノナイトらは、再び移住を決断した。1年後、彼らは新たな故郷を探すため、少人数の視察団を中南米に派遣した。当時、中南米のいくつかの国では、ヨーロッパからの移民を受け入れ、内陸地方の植民と白人化を進めようとしていた。エンズの曽祖父も視察団に加わり、耕作に適した土地と寛容な政府を求め、アルゼンチン、パラグアイ、ウルグアイ、ブラジルを旅した。

メンバーのひとりがブラジルで亡くなったとき、視察団は旅を切り上げることにした。ブエノスアイレスからニューヨークへ向かう船上で、ブエノスアイレス駐在のメキシコ領事は、奇妙な――全員が金髪と青い瞳を持ち、前時代的な農夫の服装をしている――集団に気づいた。彼らがひどく沈んだ表情をしているので、領事は理由をたずねた。

「自分たちはカナダを離れなければならない、さもないと伝統を守ることができないのだ、と彼らは説明しました。すると領事は、『皆さんがお探しのものは、メキシコにあるかもしれませんよ』と言ったのです」と、エンズは語った。

それから３年のうちにメノナイトらはチワワ州に土地を購入し、居留地を設けた。その２年後、前述の汽車がドゥランゴに到着したのだった。

エンズの曽祖父は、最初の小麦の収穫を台無しにした干ばつや霜害について記録している。オーツ麦やモロコシ、トウモロコシなどの飼料作物は、ドゥランゴの高地気候にも比較的よく耐えた。そこで小麦の生産に失敗したとき、コミュニティーは家畜の牝牛に目を向けた。牛乳、クリーム、バター、チーズを生産し、

馬や馬車で幹線道路沿いに運び、120キロ南にある、当時はのどかな辺境の街だった州都ドゥランゴへ行き来する人々に売り始めたのだ。

　近代化の波は、ゆっくりと忍び寄ってきた。最初にトラクターのゴムタイヤが、続いて産業用の電力が、そして井戸水を汲み上げるポンプが導入された。変化を取り入れるか否かは投票で決定され、投票できるのは男性のみだった。早々と近代化を受け入れた人々はコミュニティーを追われ、その多くはより自由なメノー派教会のもとで新たな分派を形成した。今日では、そのような教会が居留地に11堂存在する。オールド・コロニー・メノナイトは、それらの教会を異なる宗教と見なしている。

　1999年、メノナイトの家庭への電力の供給が始まったことで、ドゥランゴ在住の歴史家リリアナ・サロモン・メラスが「大分裂」と形容する事態が起こった。1年以内に10人の宗教指導者全員がアルゼンチンに移住し、コミュニティーは何か月も聖職者不在となった。数年後には、メノナイトの家庭でもトラックの購入が始まり、現在はほとんどの世帯が2台もしくは3台保有している。

　しかし、食べ物の変化は、電力やトラックの導入のはるか以前から始まっていた。メノナイトの乳製品が地元市場を席捲すると同時に（メキシコ北部では「チーズ」と「メノナイト」は、ほぼ同義語である）、メキシコの食べ物がメノナイトの食卓に登場し始めたのだ。エンズによると、第一世代は「長いあいだ、ビスケットをトウモロコシの粉から作っていました。オーブンで焼き上がったビスケットは、岩のように固かったようです。メキシコ人がトルティーヤを作っているのを横目に、メノナイトたちは固いビスケットをかみしめていました」

　今や、居留地の多くの家庭で週に数回トルティーヤやフリホーレス（インゲン豆のディップ）が食べられている。特別な機会には、街でブリトーやゴルディータ（トルティーヤの生地に豚肉などを包んで揚げたもの）を食べることもある。

　一方、ヌエボ・イデアルのメキシコ人は、高級料理が食べたくなると、ハイウェイをわたって〈ホテル・フィエスタ〉のレストランにやってくる。このレストランを経営しているのは、リベラルなメノナイト・ブレザレン教会に属する一家だ。彼らは現代的な服装をして、流暢なスペイン語を話す。レストランで最も人気がある料理はピザで、トッピングは白くなめらかにとろけ、わずかに酸味があるケソ・メノニータというチーズだ。

　ある日の午前中、私はエイブラハム・クラッセンの親戚のヨハン・ハーダーの家を訪問し、伝統的なメノナイト料理をごちそうになった。午前11時には、妻のサラは質素な平屋造りの家の広いキッチンで、調理に余念がなかった。三角形に成形した小麦粉の生地に塩で味つけした凝乳を包み、ワレニキというピロシキに似た料理を作っている。大きなはめ殺しの窓から日の光が差し込み、ま

ヌエボ・イデアル在住のハーダー家での昼食。

るで神が特別に彼女にスポットライトを当てているかのように見えた。娘のアナとアガネータは、ガスコンロのあいだできびきびと立ち働き、自家製のポークソーセージ（チョリソーと呼ばれている）をゆでていた。部屋のように大きな食料貯蔵庫には、サラの手製のビーツの酢漬けやザワークラウト、アプリコット・マーマレード、パイナップルのピクルスなど瓶詰が何十個も並んでいる。

　私たちはテーブルにつき、黙とうを捧げた後、18世紀のロシアから伝わるごちそうを食べた。ゆでたジャガイモに新鮮なクリームをすり混ぜ、ワレニキの上にかける。中身の凝乳にはほどよい塩気と酸味があり、皮は分厚く歯ごたえがある。自家製のピクルスは、ビネガーの風味が効いている。バスケットに盛られた手作りのパンは、サラが12歳のときに初めて作り方を教わった食べ物だ。

薄切りにしたサルシチョン——居留地でも数世帯でしか作られなくなった、牛肉とガーリックの燻製ソーセージ——は、コーシャ認定を受けたホットドッグの味にそっくりだ。手回しの撹拌機で作られたバターの隣には、バレンティーナ・ホットソースの瓶と、ほぼ空になったハラペーニョのピクルスの缶詰が置いてある。

　1940年代に政府から最後に2万2,000ヘクタールの土地を購入して以来、居留地の面積は拡大していない。しかし、世帯数は増え続けている。〈ケセリア・オランダ〉の従業員の大半は、土地を持たない若い男性たちだ。メノナイト人口の約10パーセントは、毎年カナダの農場へ出稼ぎに行き、メキシコ人に混じって季節労働者として働く。中には、カナダに永住する者もいる。保守的な家庭は、電力や自動車の導入に失望して、サカテカス州やカンペチェ州、キンタナロー州などの新たな開拓地に土地を購入したり、さらに遠方のパラグアイやボリビア、アルゼンチンへ移住したりした。

　現在29歳のアンナ・ベッカーは、4歳のときに両親とドゥランゴを離れ、冬ごとにメキシコに帰る生活を送っていたが、9年前の結婚を機に、再びメキシコで暮らし始めた。平日はメノナイト統合局（セルビシオス・インテグラレス・メノニータス、通称SIM）の事務所で働き、コミュニティーの成人女性のためのスペイン語教室の運営、ドイツ語・英語・スペイン語の聖書の販売、キリスト教関連の書籍や音楽、映画の貸し出し業務に携わっている。

　初めてSIMの事務所を訪れたとき、アンナと私はスペイン語で話をした。だが、すぐに英語で話してもらえないかと言うので、構わないとこたえると、アンナは安堵のため息をついた。

　「勉強しようとは思っているのですが、私のスペイン語はひどくて……」

　よそから来た人間として、アンナはコミュニティーのシステム上の欠点をはっきりと認識している。コミュニティーでは、子どもたちが学校に通えるのは6歳から12歳まで（女子は11歳まで）で、しかも1日4時間、年間6か月だけである。教科書は聖書で、高地ドイツ語で書かれている。そして、学校を卒業すると同時に働きはじめるのだ。それでも若い男性なら、コミュニティーの工房で働くうちに、あるいは同じ農場で働くメキシコ人たちから、スペイン語を習い覚える機会がある。だが、スペイン語を学ぶ女性は非常に少なく、アンナ自身も不満を感じている。

　「コミュニティーの子どもたちによりよい教育を与えることに、何も悪い側面はないと思うんです。いつまでも農業だけでやっていけるはずはありませんから、次世代は嫌でも他の職種に就かなくてはならなくなります。そしてそのためには、ここではスペイン語を話す必要があるんです。残念ながら、私はその決断を下

す立場にありませんが……」

　アンナは、私に同行しているカメラマンのフェリペに、機材や仕事の内容についてたびたび質問した。ずっと写真家になるのが夢だったのだそうだ。

　「故郷に帰って、コミュニティーのさまざまな出来事を目にすることができるのは、とても幸せなことです。このあたりの人々の多くは──自分たちの歴史をよく知りません」

　だが、学校に戻って学び直すという選択肢は存在しないと、アンナは言った。

　アンナにとって、デジタル写真などのテクノロジーは、疑いの余地もなく善である。インターネットは──厳密には今も禁じられているが、若者のあいだでは次第に利用者が増えている──必要不可欠であると同時に、抗しがたい魅力を持っている。カナダに住む家族と連絡を取り合うにも、アンナの夫が居留地の入り口付近で機械整備業を営むにも、インターネットが必要だ。〈ケセリア・オランダ〉では、何年も前に経理処理を行うためにコンピュータを導入した。一般家庭よりはるかに早く、チーズの加工に電力を利用しはじめたころのことである。世間と隔絶したコミュニティーの維持を可能にしている団体が、同時に新たなテクノロジーをコミュニティーに招き入れているのだ。

　「大分裂」以来、現代のメキシコの厳しい現実からコミュニティーを守るには古い伝統はほとんど無力であることも、しだいに明らかになってきた。2009年から2013年にかけて、麻薬戦争に関連した誘拐事件がヌエボ・イデアルで急増し、その影響は音もなく居留地に忍び寄ってきた。長年の研究でコミュニティーにすっかりなじんだリリアナ・サロモン・メラスは、私にこう語ってくれた。

　「住民たちが誘拐され、コミュニティーはマフィアに協力せざるを得なくなりました。コミュニティーの人々も、私たちと同じように怖がっていたのです」

　「大分裂」の翌年に教会監督に選ばれたピーター・ブラウンは、その数年間でドゥランゴに住むメノナイトの数人が麻薬密輸容疑で逮捕されたと語った。ドゥランゴで出会った人々の中でも突出して保守的なブラウンは、62歳という実年齢より10歳は老けて見える。彼の自宅を訪れた私たちは、薄暗い明かりを頼りに、2つの大きな台所を通りすぎた。台所のテーブルには、メレンゲを載せた焼きたてのクッキーが並ぶ。これもまた、メノナイトの特産品だ。ブラウンの妻が、慣れた手つきでクッキーの上にチョコレートを塗りながら、私たちに会釈した。

　ブラウンは、コミュニティーから逮捕者が出たことを、伝統の敗北と見なしている。くたびれたレースのカーテンの向こうで陽が沈み始めるころ、彼は服役している人々について、厳しい口調で語った。

　「自業自得です。自分たちの務めを果たすことを拒んだのですから」

私が南北アメリカ大陸の再洗礼派の人々に接したのは、ドゥランゴがはじめてではない。ボルチモアの郊外で育ったので、何度か家族でペンシルベニア州ランカスター郡に旅行し、〈アーミッシュ・カントリー〉と〈ハーシーパーク〉を訪れた。馬と馬車と、素朴な木製の家具が印象に残っている。
　チリに住んでいた2011年には、パラグアイのグランチャコを訪れた。かつてスペイン人が「インフェルノ・ヴェルデ（緑の地獄）」と呼んだ広大な乾いた森は、パラグアイの西部全体を覆い、ボリビアとアルゼンチンに達している。メノナイトが最初にこの地にたどり着いたのは、1920年代初頭のカナダからの移民が第一波で、1920年代の終わりには、第二波としてボリシェビキ革命後のロシアから多くの人々が亡命した。それ以来メノナイトは、チャコをパラグアイで最も経済的に発展した地域に変えた。チャコ・メノナイトは、自分たちが「空白の土地」を開拓し、実り豊かな土地にしたと自負している。だがそのために、隣接した、アマゾン川流域以外では南米大陸で最大の生態系を破壊し、ひっそりと生活していた9つもの先住民族を狩り出し、家畜牧場で肉体労働に従事させた。チャコ・メノナイトの主要居留地であるフィラデルフィアでは、くたびれた風情のあばら家が、整然とした中心市街を蕁麻疹のように取り囲んでいる。『トワイライトゾーン』のようなSFドラマの舞台になりそうな、現代の中西部と再建時代の南部を融合させたような街並みだ。ある日の午後、みすぼらしい服装のメノナイトの女性と子どもたちが、手押し車に積んだスイカを売っているのを見たことがある。彼女らが立っていたのはピーナッツ工場の巨大なサイロのそばで、真新しい白いピックアップトラックが静かに行き交っていた。チャコ・メノナイトは、「この世にありて、この世のものである」のだ。
　その年の後半には、90年代にボリビア南部に移り住んだアメリカ人アーミッシュ一家を訪問した。彼らは10年近くオールド・コロニー・メノナイトとともに暮らした後、さらに遠く離れた場所に新たなわが家を探し求めた。北部の熱帯雨林奥にあるマディディ国立公園に隣接する土地を見つけ、19世紀そのままの丸太小屋を建てた。ただし、たった1個の電球をともすために、屋根に太陽光発電パネルを設置している。水車がひき臼を回す水車小屋では、ケンタッキー州生まれの家長が、売り物にするために家具を作っている。カカオも栽培しており、滞在中のある晩、長女のジュディスがそのカカオ豆を使って、新鮮な温かいミルクに浸した絶品のチョコレートケーキを作った。その温かく泡立つミルクは、末息子である亜麻色の髪のネリーと、養子で義理の兄弟のカイコーが、自家製のサトウキビシロップでてかてか光る金属のつぼに、牝牛の乳首から直接搾り出したものだ。バターと青草の香りに、糖蜜に似たシロップでほろ苦さを加えたそのケーキは、これまで食べた中で最もおいしい食べ物のひとつだ。またある日の

午後は、片手にメンドリを、もう片手に斧を持ったネリーが、私に敬意を表して、このメンドリを殺したいかとたずねてきた。その日の夕食は、チキンスープだった。

ドゥランゴのメノナイトは、これらの両極端な生活の中間の暮らしを営み、メノナイトでない隣人たちと注意深く距離を保ちながら共存している。私はヌエボ・イデアルの住民との会話で、メノナイトが「勤勉」、「効率的」、「献身的」、「完璧」などと、さまざまに評されるのを耳にした。だがその一方で、メノナイトは例外なく「よそ者」と表現されるのだ。

ドゥランゴ出身の化学者アンヘリカ・デボラは、〈ケセリア・オランダ〉で働く3人の非メノナイト従業員の1人だ。工場で働く非メノナイトは、彼女だけだ。ある朝、牛乳のサンプルに抗生物質の検査をしながら、アンヘリカは私に打ち明けた。「みんな同じ服装をしているから、長いあいだ、誰が誰かを見分けることができなかったわ」

何年も働くうちに、彼女は工場の男性たちと友人になった。エイブラハム・クラッセンとは、冗談を言い合う仲である。

「教えてくれたんだけど、あの人たち、ドゥランゴの〈サムズクラブ〉に買い物に行くときは、一枚の会員証を皆で使い回すそうよ。たいていのメキシコ人には、メノナイトはみんな同じに見えるんでしょうね」

いかに文化的にかけ離れていようと、ヌエボ・イデアルのメキシコ人とメノナイトのコミュニティーは、相互依存の関係にもある。たまにメキシコ人の牧場経営者が〈ケセリア・オランダ〉に牛乳を納入することもあれば、メノナイトの土地でメキシコ人が小作人として働くこともある。メキシコ人がメノナイトの整備工に自動車の整備を頼むこともあれば、ケサディーヤ（トルティーヤにチーズや肉などの具材をはさんで焼いたもの）やチレス・レジェノス（トウガラシの肉詰め）に入れるメノナイト・チーズを買ったりもする。ヌエボ・イデアルの大通りにある〈ロンチェリア・メノニータ〉などの、メノナイト経営のファストフード店は、客の大半がメキシコ人だ。

〈ロンチェリア・メノニータ〉の店内は、赤と黄に彩られた大きな旗の形をしたメニューがオープンキッチンのカウンターの上に貼り出され、メキシコ人従業員がハイウェイの向こう側で生産された食材のみを使って、巨大なサンドイッチを作っている。ハンバーガーのパテからチーズやロールパンに至るまで、すべて経営者の家族が作ったものだ。

33歳のアイザック・ハイデは、2年前にこの〈ロンチェリア・メノニータ〉を開店した。当時彼の家族は、1年半のカナダ暮らしの後で故郷に戻ったばかりだった。カナダに移住したのは、メキシコで犯罪が急増した時期に、18人の兄弟の1人が誘拐されたからだ。また、ハイデが7歳になるまでの時期も、一家

はカナダで暮らしていた。1991年に家族で故郷に戻ったとき、アイザックの父親は自動車購入を決断し、即刻コミュニティーを追われた。現在は、彼の一族全員が、福音主義的傾向の強いメノナイト・ブレザレン教会に属している。

アイザックは地元で、ゆくゆくは全国で〈ロンチェリア・メノニータ〉をチェーン展開することを計画している。つい昨年、彼はレストランの名称の特許を取り、ささやかな物議をかもした。

「みんなに『名前を独占するなんて、よくそんな欲深なことができるもんだ』と言われるので、説明したよ。『この名前を使うなという話じゃない。ぼくは成長したいんだ』ってね」

〈ホテル・フィエスタ〉の朝は、おおむね忙しい。このホテルは正確に言えばモーテルで、ハイウェイの向こう側にあるメノナイト居留地のメキシコ人が所有する土地に建っている。アメリカでよく見られるこの施設は、清潔そのもので、驚くほど安く、メキシコとメノナイトをつなぐ役割を完璧に果たしている。

客室やピックアップトラックのドアの開閉が始まるのは、午前6時からだ。9時になると、チェックのシャツと野球帽をかぶった男の子たちや、裾の長いドレスに白いボンネットをかぶった女の子たちで、駐車場はにぎわう。正午ごろには、長袖の花柄のドレスを着て白いスニーカーを履いた金髪の若い女性2人が、掃除用具を積んだ金属製の手押し車を押して現れ、客室のベッドを整え、使用済みのタオルを取り換える。ハイウェイの向こう側に住むメキシコ人家族が大勢レストランに出入りしているが、ほとんどの日は、経営者の超有能な長女のカッサンドラが、それらの客の応対を担当している。

ある朝私は、5人の子どものうち2人を連れてオンタリオ州から訪れた、エイブラハム・ゴーツェンという男性と会った。ゴーツェンは15年前、28歳のときにドゥランゴからカナダへ移住した。当時は〈ケセリア・オランダ〉で働いており、日給は75ペソだった。

「小麦粉1袋買うために、5日間働かなければならなかった」と、ゴーツェンは第三言語である英語で語った。カナダ英語のゆったりとした母音の端々に、ドイツ語の荒々しい発声法が顔を出す。

「近ごろでは、お金がものを言う。そして、カナダにはもっと仕事があった」

ドゥランゴでの生活について聞かれると、ゴーツェンは言った。

「ドゥランゴのメノナイトは、メキシコ人と交わることはほとんどない。でも、カナダの私の家の両隣には、イギリス人が住んでいる。私が暮らす土地では、どこからメノナイトのコミュニティーが始まるのか、境界がはっきりしていない」

数年前、ゴーツェンは母親や義理の母が作っていたような非低温殺菌のケ

手作りのケソ・メノニータ。

ソ・メノニータを製造する装置を自作し、製品のチーズをコミュニティーの人々に販売している。メキシコ出身のメノナイトが周囲にどれだけ住んでいるかたずねてみると、ゴーツェンは具体的な数字を挙げて答えてくれた。

「当初は、週に200リットルの牛乳を加工していた」

つまり、製品のチーズ約20個分だ。

「今は1,500リットルだが、それでも足りないぐらいだね」

ゴーツェンは、今回の旅で入国管理当局とトラブルにならないか、不安だったという。

「私がメキシコ人であることは、一目瞭然だと思っていたからね」

ゴーツェンは身長183センチ、肌は白く、頬は赤い。たいていのアメリカ人はあなたを見てもメキシコ人とは思わないでしょうと言うと、彼は肩をすくめた。

「私は、メキシコ人さ」

　エンズが語ったように、伝統がコミュニティーを存続させているなら、500年ものあいだ移住を繰り返してきたメノナイトにとっては、移住そのものが最も重要な伝統なのかもしれない。一か所に長くとどまっていれば、やがては同化が始まる。いつの間にか外界に適応するものだし、たとえこちらが拒んでも、向こうから適応してくる。移民となることは、よそ者となることであり、それこそがオールド・コロニー・メノナイトが求めてきたことなのだ。もしかすると、よそ者であるがゆえに移住しなければならないのではなく、よそ者であり続けるために移住を繰り返すのかもしれない。移民というアイデンティティは、メノナイトの骨に刻み込まれている。どこから来て、どこへ行くかという点が変わるだけだ。

　その夜は、アルマス広場にある〈911バー〉に、ビールを飲みに出かけた。テレビ画面は、音楽専門局を映し出している。午後8時に、男女2人ずつのメノナイトの若者4人組が入ってきた。男の1人はジーンズにTシャツ姿だが、もう1人はオーバーオールを着ており、女は2人とも長袖のドレスに白いテニスシューズという服装だ。奥の隅の席に座り、キューバ・リブレを1杯ずつ飲みながら、『ブラック・オア・ホワイト』のミュージックビデオで世界中を踊り回るマイケル・ジャクソンを眺めている。40分後、彼らは代金を払って帰っていった。毎週の儀式だよ、とバーテンダーが教えてくれた。彼はあの若者たちのことを、メノニタス・レベルデス——メノナイトの反逆児たち——と呼んでいるそうだ。

　しばらくして、突然の暴風雨に見舞われた。まるでノアの洪水のように、街は水浸しになった。私はビールを飲み干すと、車で街を出て、〈ロンチェリア・メノニータ〉とガソリンスタンドを通りすぎた。食料品店の前には、空っぽの馬車と鉄の車輪のジョンディア・トラクターが、記念碑のように並んでいる。向かい側のカフェの看板には、「カナディアン・スタイルのコーヒー」とある。ハイウェイを越えたとたんに雨は小降りになり、やがて完全にやんだ。未舗装の道路は、ほとんど濡れてさえいない。天気までもが、ここが別世界であることを知っている。少なくとも、別世界だとされていることを。

　〈ホテル・フィエスタ〉で、砂利道に空き瓶をたたきつけてさわいでいるティーンエイジャーたちの声を聞きながら、私は眠りに落ちた。彼らは、週末の夜にメキシコじゅうでさわいでいるティーンエイジャーたちと何も変わらない。なんと言っているかはわからないが、ドイツ語であることだけは確かだ。

行く先々で
カレーは育つ

ベン・マーヴィス

　ランジット・カウルは、息子たちが幼かったころ、よく「スクランブルエッグ・サブジ」を作ってやった。そのパンジャブ風の料理は、卵をまったく使わず、パニール——南アジアでよく見られる、無塩の白いフレッシュチーズ——を使う。スパイスで黄色く染まったパニールのかたまりが西洋の朝食の主役にそっくりだったことから、家族全員の大好物であるこの料理を息子たちが「スクランブルエッグ」と呼び始めたのだった。

　カウルが作る家庭料理は、繊細かつ斬新で、たっぷりのアジア野菜を主役にしたものが多い。1990年代には、それらの野菜はイギリスのカレーハウスではほとんど見られず、代わりにチキンティッカマサラ（タンドールで焼いた鶏肉をトマトクリームで煮込んだイギリス発祥のカレー）やバルティ（イギリス式のマイルドなカレー）、コルマ（ヨーグルト、生クリーム、ナッツ類のペーストで肉や野菜を煮込んだ料理）、ビンダルー（ポルトガル料理を基にした酸味のあるカレー）などが人気を博していた。カウルの料理には、生まれ育ったインド北西部のパンジャブ州で身につけた、地方独特の味と技術が反映されていた。イギリスで、カウルはそれらの味と技術を生かし、自分自身の料理を作り始めた。

　1961年にジャンディアーラの村はずれの農場で生まれたカウルは、料理をすることを母や祖母から教わり、あるいは自然に身につけ、そして期待されて育った。質素な台所で、一家の女性たちは、主婦となったときに役立つと思われる調理技術をカウルに教えた。それは、レンズ豆などの安価な食材を最大限に生

スコットランドのグラスゴーにおける、典型的な昼食。

〈ランジットのキッチン〉のオーナーシェフ、ランジット・カウル。

かす方法であったり、果物や野菜の選び方であったり、果物や野菜の熟し方に合わせた調理法であったりした。これらの技術は、彼女が信仰するシーク教においても重要だった。シーク教は、インドの伝統的なカースト制度を断固退け、同じ食事を分け合うことで平等主義を推進する。カウルは18歳の若さで結婚し、夫の故郷であるイングランド北部に移り住んだ。

　約6,400キロも離れているパンジャブ州とイングランド北部のあいだには、

54　世界は食でつながっている

当然ながら大きな隔たりがあった。寒く厳しい気候のヨークシャー州と、灼熱の暑さとモンスーンに見舞われるパンジャブ州を結びつけるものは、ほとんどなかった。ティンダ（カボチャの一種）やカレラ（ゴーヤ）、オクラなどの、カウルが慣れ親しんだ好物の野菜は、きわめて入手困難だった。

　もちろん、カウルがヨークシャー州にわたる以前から、インドの味は何十年もイギリスの食卓で主役を張ってきた。インドの食べ物に対するイギリス人の関心は、東インド会社の商人や兵士らや国外に住む上流階級の人々が帰国した、何百年も前から始まっている。18世紀から19世紀に料理書を著したエリザベス・アクトン、ハンナ・グラス、ヘンリエッタ・ハービーなどは、著書にインド料理のレシピを載せている。ハービーに至っては、丸ごと一冊をインド料理に捧げた本さえ出版した。もっとも、それらのカレーのレシピは、薫り高いシチューに近いものが多い。たとえばグラスによる「（チキン）カレー・インド風」の味つけは、ターメリックとショウガと黒コショウを大さじ一杯ずつ加えるだけである。

　1948年、第二次世界大戦後の深刻な労働力不足を受け、議会はイギリス連邦市民全員にイギリス国内で働く法的資格を与える法令を可決した。経済の発展と就労の機会を見込んで、何十万人もの移民がイギリスに上陸した。その多くは、当時分離独立により政治紛争と武力衝突が発生していたインドやパキスタンの人々である。イギリスに住むシーク教徒はほとんどがパンジャブ州出身者で、1951年には推定7,000人だった人口が、1981年には14万4,000人にまで急増した。

　それに続いて、カレーハウス・ブームが起こった。実際のところ、イギリス風インド料理レストランの隆盛が、戦後のレストラン業界を支配していた。1960年から1980年にかけて、イギリスのカレーハウスの店舗数は、300店から3,000店へと10倍に増えた。1990年には、さらにその2倍になった。世論調査では、国民が好む料理として、チキンティッカマサラがフィッシュアンドチップスより上位を占めるようになった。

　数々のイギリス風インド料理が出現し、その多くには、スパイスとギーがたっぷりと加えられていた。チキンティッカマサラを考案したのは、グラスゴーのシェフだと言われている。料理に文句をつけた客をなだめるために、キャンベルの缶詰トマトスープを使ってカレーソースを作ったのが始まりらしい。辛くて脂っこく、ボリュームたっぷりのイギリス風インド料理は、アルコールにもよく合い、大勢の酔客に好まれる夕食となった。

　食物史家のビー・ウィルソンは、2017年のガーディアン紙で「カレーハウスは、植民地時代の過去をぬぐい去りたいと願う白人に、古い世代が抱いていたニンニクとトウガラシに対する猜疑心を放棄することを教えた。しばらくのあいだ、

カレー愛好者は、スパイスを受け入れることは文化的寛容性の一形態だと、自らに言い聞かせることができた」と述べている。

　このウィルソンの評論は、2016年に行われたイギリスのヨーロッパ連合離脱（通称ブレグジット）をめぐる国民投票の結果を受けて発表された。ウィルソンは、イギリス人のカレーに対する愛情が、カレービジネスを支える移民の料理人に対する共感に変換されなかったことに、遺憾の意を表している。実際に、カレーハウスは「離脱派」と「残留派」の双方のキャンペーンで取り上げられ、どちらも、南アジアからやってくる料理人に対する厳格な移民規則に本気で取り組まなければならないと、声高に訴えていた。

　議論は、安価な労働力をめぐって展開した──ブレグジットに関する国民投票が行われる前からすでに、閉店するカレーハウスが驚くべき速さで増えていった。第一世代の料理人が引退する年齢に差し掛かっているにもかかわらず、後継者が見つからないからだ。若い世代が工学系や医学系の高収入の仕事を求める一方、EU外の国から移民してくる料理人に対して、イギリスでの就労に乗り越えがたいハードルが課されたからである。そこで、生粋のイギリス人やEU諸国からの移民にまともなカレーが作れるかという問題になる。しかし、ブレグジットによって提起された大きな問題が、安価な労働力や「本格的な」南アジアの味が入手困難になることだと仮定すると、移民の事業主たちがイギリスや地元のコミュニティーで果たしてきた、はるかに重要な役割を無視することになる。カレーがイギリス料理に必要不可欠なものだとすれば──実際そのとおりである──南アジアからの移民もまた、イギリスになくてはならないものなのだ。

　80年代後半、カウルは家族とともに、スコットランド西部の都市グラスゴーの民族的に多様なサウスサイド地区の一軒家に引っ越した。歴史的に労働者階級の街であるグラスゴーは、進歩的な自由主義の誇り高き伝統を持ち、イタリアやインド、パキスタン、ポーランド、ルーマニアからの移民が、それぞれ大きなコミュニティーを形成している。しかしながら、おそらくこの街でもっとも有名なのは、悪名高き「グラスゴー効果」だ。この街の原因不明の（ただし、おおむね栄養不良によると考えられる）飛び抜けて高い死亡率である。

　カウルはグラスゴーで、地元のガードワラ（シーク教寺院）のボランティアに携わるようになった。寺院が行うランガーという炊き出しで、セヴァ（奉仕）をすることにしたのだ。セヴァの主意は、ボランティア奉仕──多くの場合は、掃除、調理、皿洗いなどの台所仕事──を通じて、地元の信徒たちの会合をよくすることである。カウルはランガーで、他の女性たちといっしょに膨大な量の野菜を調理した。彼女が通っていたガードワラは、他の寺院と同様、訪れたす

カウルの菓子は、乳製品で作られた甘いものに対する人間の根源的欲求に訴えかける。

べての人に無料でベジタリアン料理をふるまっている。人種や宗教にかかわらず、すべての人が歓迎され、平等に床の上で食事できるのだ。

　ガードワラ以外でも、カウルは家族の行事でパンジャブ地方の伝統菓子を大量に焼くようになった。ベサン（ヒヨコ豆の粉）を入れた牛乳の菓子バルフィや、ギーとベサンで作る──もっとも材料に関しては、ココナッツや米、レンズ豆、木の実の粉など、何でもよい──ねっとりと甘いラドゥーという団子などだ。それらの菓子は友人や親せきたちの好評を得たので、やがてカウルは菓子やサモサの大量注文を引き受けるようになった。

　料理の下ごしらえは、家族ぐるみの仕事になった。カウルの真ん中の息子グ

ルジットは、大学から帰ってくると、台所テーブルを取り囲む大勢の手伝い人に混じってジャガイモの皮むきをした。テーブルでの会話から、ほどなくして、本格的に事業を始めようという話が生まれた。息子たちから、台所テーブルの延長として使える店舗を探したらどうかと勧められたのだ。当時のグラスゴーには、カレーハウスは至るところにあるにもかかわらず、ベジタリアンのインド料理店は一軒もなかったのである。

　2015年に開店した〈ランジットのキッチン〉は、たちまちのうちに幅広い食事客を引きつけた。テーブルで隣り合わせるのは、インド人の老人であったり、若い西洋人家族であったり、流行に敏感な学生であったりと、実にさまざまだ。店の内装は、これ見よがしなインド風ではない（タージ・マハルの絵は掛かっていない）が、温かみがある。人々がいっしょに食事できる木製の長い架台式テーブルが並び、壁にはフルカリ（花の刺繍）という伝統的なパンジャブ地方の刺繍をモチーフにした華やかな図柄が描かれている。グルジットが、レストランの支配人を務めている。兄弟のジャグとハーディープ、そしていとこのタリーシャが、レストランの運営を手伝っている。カウルは厨房の責任者を務め、家族ぐるみの友人4人――サルブジット、もう1人のサルブジット、ハリ、リアム――の協力のもと、料理を作っている。

　カウルの店には気取ったところがまったくなく、テーブルクロスも、高級な食器類も、形式ばったサービスもない。料理はまとめて一度に出される。インドに無数に存在するダバと呼ばれる路傍の食堂と、どこか雰囲気が似ている。労働者階級の人々に、シンプルなパンジャブ風カレーと焼きたてのロティを提供する店だ。平たいパンは、メインディッシュの主要な付け合わせである。ロティは、全粒粉の生地をタヴァという丸い平鍋で焼く。タヴァは、パラータを焼くのにも用いられる。パラータは薄く柔らかいパンで、ジャガイモ、ラディッシュ、カリフラワーなどの具をはさんだり、うっとりするほど甘い砂糖衣をかけてスイーツとして食べたりする。

　メニューは品数が少なく、ときどき替わる数種類のダール（スパイスをきかせたレンズ豆）とサブジ（野菜の煮込み）がおすすめ料理だ。カウルのサブジは、まず、タマネギ、クミン、ニンニク、ショウガ、青トウガラシ、場合によってはフェヌグリークを加えたベースを作る。そこにカリフラワーとジャガイモを加えればアルゴビという料理になり、ホウレンソウを加えればサグという料理になる。カレーは家庭的な味で、辛いトウガラシを入れないのが特徴だ。香り高く、絶妙にスパイスが効いていて、薄いスープでじっくり煮込まれ、野菜がたっぷり入っている。

　カウルの店では毎日パニールを手作りし、エンドウ豆をあえたり、角切りに

スクランブルエッグ・サブジは、思い出の故郷の料理を、別の地方の食材を用いて再現したものである。

して甘くスパイシーなヒヨコ豆とコショウをまぶしたり、家族の大好物の「スクランブルエッグ」にしたりして出す。〈ランジットのキッチン〉のパニール・パコラは、スライスした白いチーズでトマトをはさみ、ふわふわしたヒヨコ豆粉の衣をつけてカラッと揚げたものだ。

　有名なカウルのサモサも、バルフィと同様にメニューに載せられている。バルフィは小さな正方形に切り分けられ、スコティッシュ・タブレットの代わりにコーヒーに添えて出される。スコティッシュ・タブレットは、イギリスじゅうのカフェでお茶やコーヒーに添えて提供されているスコットランドの伝統菓子で、濃厚で非常に甘い。対照的に、バルフィは甘さが控えめで、柔らかくほろりと崩れるファッジのような口当たりだ。

　「お客さまの中には、毎日違ったダールやサブジのターリー（大皿の意）を召し上がる方がいます。私はそれをとてもすばらしいことだと思っているんです。その方たちは、わたしたちと同じ食べ方をされているのですから」と、母親からスポークスマン役を言いつかったグルジットは話す。「わたしたちは、ダールやサブジやロティばかり食べて育ちました。子どものころは、ときどき文句を言っていましたね。ポテトワッフルとか、フローズンなんとかが食べたいって。しかし今では、そのダールやサブジを求めて、よその人々がやってくるんです。しかも、週に2回も3回も4回も、喜んで食べてくれているんですよ」

　野菜嫌いの人々の街で、〈ランジットのキッチン〉は、なじみがあるものであれ、ないものであれ、さまざまな野菜が顧客に愛されるように努力し、成功してきた。グルジットは、子どものころに母親がこう言っていたのを覚えている。

　「この国の人たちは、料理のしかたを知らないのよ。だから、あんなひどいものを食べているんだわ。カリフラワーとジャガイモという、この国で簡単に手に入る野菜すら、どうすればおいしい料理にできるかわかっていないんだから」

　お客がレストランで出された野菜を見て、近所の南アジア食料品店で見かけたものだと気づくことも多い。

　「よくお客さまに『これ、お店で売ってるのを見たことある』と言われます。でも、その野菜をどうやって使えばいいか、知らなかったのです」

　常連客には、メニューに載せていないニガウリやもち米のような珍しい食材を使ったカレーの試食を勧めることもあるという。

　レストランの成功により、カウルは地元の慈善事業に寄付をすることにした。〈ランジットのキッチン〉の利益が初期費用を上回った時点で、ビジネスの中心に慈善事業を据えることを決定し、利益の多くを地元や全国の慈善事業、そして故郷パンジャブの慈善団体に寄付している。

　カレーの物語は、世界的な規模にわたる。カレーは、まったく異なる文化

からの選りすぐりの食材──南北アメリカ大陸のトウガラシ、南アジア全域のスパイス、ポルトガル植民地のビネガー──を、ひとつにまとめたものだ。インドとパキスタンとバングラデシュには、地域ごとに何百種類ものカレーが存在するうえ、日本やタイ、南アフリカ、ジャマイカ、マカオ（ポルトガル経由で）、そしてもちろんイギリスにも、その国独特のカレーが存在することは言うまでもない。2016年現在、イギリスには1万2,000軒以上のカレーハウスが存在する──イギリス料理におけるカレーの地位の問題は、とうに決着済みである。

　カレーは文化的寛容性を反映し、そこから生み出されたものである。行く先々で進化し続け、新たな故郷となった国々の料理を豊かにする。その中には、産業化以後、多彩な文化が混じり合うことになったグラスゴーも含まれている。

　「わたしたちが、移民のよいところのすべてを体現している空間を作り上げたことを、とてもうれしく思っています」と、グルジットは言う。「わたしたちのレストランは、文化を分かち合うことや、協力し合うこと、家族やコミュニティーで、持てるものを分かち合うことのすばらしさを、すべて体現しています。そのことを、わたしたち全員が誇りに思うべきです」

あなたの火と
わたしの火は、
同じように燃える

アリエル・ジョンソン

　現生人類の最古の祖先——石器を使用したホモ・ハビリス——が260万年前に出現して以来、人類は、食べ物とその調理技術の開発によって進化してきた。
　骨及び化石のデータによると、ホモ・ハビリスに続いてホモ・エレクトスが現れた約190万年前、人類の祖先の食生活の変化は、現代人へと至る解剖学的構造の主要な変化と一致していた。ヒト属の脳が大きくなり、歯が小さくなるにつれ、生の食べ物だけで生存することが不可能になったのだ。食べ物を消化しやすくするために、何らかの加工が必要となった。
　そうした加工技術のひとつは、発酵だったと考えられる。発酵は、北極地方の伝統的料理で好まれる手法であり、キャッサバのような塊茎の下ごしらえにも用いられる。そして、地面の穴や、池と岩石など、ホモ・エレクトスにとって身近な手段で、容易に行うことができる。
　人類を進化させたもうひとつの基本的技術は、火を用いた調理だ。生食主義者がなんと主張しようと、菜食主義であろうが、雑食主義であろうが、人間は未加工の生の食べ物だけでは生きていけない。生きるためには、調理した食べ物を食べる必要がある。それゆえ、あらゆる場所で、あらゆるレベルの調理が、日々行われている。木を燃やし、その熱で生の食材をあぶったり、ゆでたり、炒めたり、焼いたり、焦がしたり、柔らかくしたり、蒸したり、さまざまに調理する技術は、地球上のあらゆる文化に共通している。
　火が必要不可欠な調理手段であることは間違いないが、火の利用がいつか

地球上の他の地域と同様に、モンゴルの人々も、火を利用して食べ物や水を温め、暖を取っている。

ら始まったのかについては、正確にはわかっていない。進化生物学者のリチャード・ランガムが、200万年も前にホモ・エレクトスが調理を行っていたという、非常に説得力のある主張を展開している。だが一方で、正式な火の使用の普及は、現生人類であるホモ・サピエンスの出現とほぼ同時期の12万5千年前より前ではありえないと言う考古学者もいる。これまでのところ、火の使用が明白に認められる最古の証拠は——これに関しても、「火をおこすことに成功した」のか、「たまたま野火を手に入れた」のか、明らかにされていないのだが——南アフリカのワンダーウェーク洞窟で発見された、100万年前のものだ。その後、ホモ・エレクトスやホモ・ネアンデルターレンシス、その他のホモ・サピエンスの亜種が、現在のアフリカ、ヨーロッパ、アジアの各地で、火を頻繁に使用していた。

　たき火を用いた調理は、人間性の根源にあるものを呼び覚ましてくれる。シンプルの極み——木材と、食材と、熱のみ——でありながら、これを単純だとか原始的だとか決めつけるのは、間違いだ。実際、一片の木材を燃焼させるには、まったく異質な化学的プロセスがいくつも関係している。さらに、それぞれのプロセスで、数百や数千まではいかないものの、多くの構成要素がそれぞれ反応し合っている。まず、燃焼という現象自体には、炎の生成、黒体放射、スペクトル線放出が含まれる。また、燻焼と木材の熱分解という2つの異なるプロセスがあり、これらのプロセスによって、木材が燃焼の燃料になる。そして煙は揮発性分子と溶体中の分子、微粒子物質が非常に複雑に混じり合い、生成される。

　こうした細かいことを長々と述べたのは、火をおこすという行為が、人間が行い得る化学的に最も複雑な工程のひとつであることを言わんがためだ。この精妙な工程を、料理人は誰でも本能的に理解しているが、その理論まで把握している人は、ほとんどいない。

　そこで、燃焼の仕組みを、基本から解説してみたいと思う。

　厳密にいえば、火（もしくは燃焼）は物質ではなく、現象である。中心部では、酸素と、水素やメタンなどの燃料との、急激な酸化反応が発生しており、その結果、熱と、二酸化炭素などの廃棄物が発生する。化学反応を経れば、ある物質の分子は、異なる物質の分子に変化する。はじめの物質は、互いに反応し合うことから、反応物質と呼ばれる。後に得られる物質は、生成物質という。燃焼反応において、酸素は他の反応物質の分子から電子を奪い、異なる電子配列を持つ生成物質分子を作り出す。酸素が電子を奪う際には、高度にエネルギーが放出され、これが光と熱のエネルギーとなる。

　炎は、燃焼の目に見える部分であり、反応物質（酸素、水素、メタンなど）と生成物質（二酸化炭素など）の気体が、燃焼中に放出されるエネルギーによっ

て過熱された結果である。炎のさまざまな色調は、燃料に含まれる電子がエネルギーを吸収し、活性化して、一時的に高次のエネルギー量子状態にジャンプしたときに作り出される。元の量子状態に戻るとき、それらはジャンプする際に必要としたエネルギーを光の状態で放出する──その光の波長（色）は、エネルギーがどの程度落ちるか（エネルギーギャップ）によって決定される。原子や分子によってエネルギーギャップは異なり、独特の波長の光、発光スペクトルを放つ。

　青い炎は燃料がすべて、水素、メタン、プロパンなどの気体であり、酸素が豊富に供給されている、いうなれば純粋な炎である。赤い炎は、燃料がより複雑な場合（たとえば木材など）か、酸素の供給が少ない場合である。赤い炎は、煤など多くの不純物や廃棄物を作り出す。煤は、完全に燃焼せずに微細な粒子を形成し、炎の中に運ばれ、黒体放射というプロセスを通して、赤い光を放出する。

　炎が滴形をしているのは、対流と重力のためだ。熱い気体は上昇し、新鮮で冷たい酸素は炎の下部に引き寄せられる。無重力状態（たとえば宇宙空間など）では、炎は球形になる。

　炎が出るのは、気体の燃料が燃焼しているときだけである。だが、木材は明らかに気体ではないのに、なぜ炎をあげて燃えるのだろうか？

　それは、熱分解と呼ばれるプロセスによるものだ。炎の基底部は、酸素が最も少なく、温度が最も低いのだが、この根元の部分で、木材が黒く変色して

パタゴニアのアサド。

いく。これが熱分解という、高熱による分解の一形態である。木材を熱すると、水分が蒸発して、**潜在的な**可燃物から**実際の**可燃物に変化する。すなわち、リグニンとセルロース、ヘミセルロース、水分、樹脂、樹液の集合体から、きわめて純粋な炭素（炭）、可燃性タール（フェノール、グアヤコール、フラン、その他の生成物質）、そして蒸気（メタン、プロパン、その他の炭化水素、一酸化炭素、メタノール、アセトン、酢酸）に変化するのである。

　黒く変色した木材から中央へ目を向けると、輝く熾火がある。そこでは、新たに生成された炭が燻焼している。燻焼とは、酸素が個体の表面と直接反応する、ゆっくりとした燃焼形態である。燻焼反応の速度と熱は、火（または有炎燃焼）の速度と熱に比べて、ずっと低い。なぜなら、結合できる酸素と燃料の量が、木炭の表面によって限りがあるからだ。

　最後に、炎を見てみよう。炎では、熱分解によって生じた可燃性ガスと蒸気が、急激に酸素と反応し、熱と光を生み出している。炎の上に立ち上る煙は、熱分解のもうひとつの生成物質だ。その正体は、蒸気、溶解タール（グアヤコールが煙に特有の臭いをつける成分だ）、純粋な炭素の小さな固体粒子、多環芳香族炭化水素、そして灰である。熱分解によって木材が木炭と可燃性ガスに変化すると、炎はきれいに燃え、煙も少ない。一晩中コンロの前で過ごす料理人にとってはすでに常識だろうが、最も温度が高い部分は炎であり、熾火、そして黒くなった木炭という順で、温度が低くなっていく。

　しかし、重要なのは温度だけではない。料理について語るとき、熱と温度はいずれも重要な役割を演じるが、実際のところ、このふたつは異なるものだ。どちらもエネルギーの大きさを表すが、熱はエネルギー全体の大きさであるのに対し、温度という、より身近な概念は、熱の集中度、もしくは熱の密度と表現した方が適切である。例として、ショットグラス一杯のウィスキーと、グラス一杯のワインを思い浮かべるといい。純粋なアルコールの量は同じだが、ウィスキーの方が、濃度が高い。この場合、熱は純粋なアルコールの量で、温度はアルコールの濃度である。熱と温度は対で語られるが、いわば異なるダイヤルであり、料理の微調整をする際は、それぞれのダイヤルを適切に回す必要がある。

　わかりやすく説明しよう。料理とは基本的に、ある物から別の物へ、熱エネルギーを移動させることだ。燃料から食材へと移動させたエネルギーの総量によって、食材がどの程度調理されるかが決まる。どれだけ早く出来上がるか、食材の表面にどんな化学反応が生じるかについては、温度が大きく関係する。食材は、非常な高温にさらされると、まず火が通り、続いてキャラメリゼし、やがてメイラード反応を起こし、ついには生焼けの内部に熱が行きわたる前に熱分解して炭化する。低温では、熱の移動率が遅くなり、まったく異なる効果を

ケベック式バーベキュー。

生む。

　料理とは、ふたつのダイヤルを常に回し続ける行為である。ひとつは、食材に移動させたい熱の総量を調節するダイヤルであり、もうひとつは、その熱を移動させる温度を調節するダイヤルである。直火で料理する際には、これらのダイヤルは、燃料の種類と、燃焼の種類と、燃料から食材へ熱を移動させる経路を選ぶことによって調節される。

　有炎燃焼させるか、無炎燃焼させるか？　食材を直に炎や炭であぶるか、金属の鍋や土鍋のような媒介物を用いてエネルギーの流れを変え、伝導性の熱移動を利用するか？　鍋や土鍋は炎と同じ温度には達しないが、炎の熱を吸収して、より広範囲に、直火や熾火より低い温度で熱を伝えることができる。

　熱分解による燻製風味を強く出したい？　それなら、食材に直接煙をあてればいい。木炭で調理する場合は、燻製の調味料として、木材を少々足すといい。

食材から垂れる汁も、炭の上で熱分解して、細かい風味分子にすばやく分裂し、ほのかに香る煙となる。ガス火で調理する場合は、この煙が唯一の燻製風味の源だ——もちろん、肉汁と木材は化学的にも構造的にもまったく異なるため、それぞれの煙の風味はまったく異なる。

　木材の火と同じ基本的プロセスから、料理人が選択できる調理方法は、数えきれないほど存在する。バーベキューコンロやセラミックのかまど式グリルを用い、木炭を燃料にする。燻製機を使う。ブラセーロというかまどの上に、アサド式グリルを設営する。人類が火を扱うために改良を重ねてきた方法の数々には目をみはるものがあるが、それよりさらに信じがたいのは、どのような仕掛けを使おうと、何百万年も昔に祖先が利用したのと同じ過程——炭素と酸素を熱に変換すること——を、我々もまた行っているという事実である。

豚肉に熱分解した木材の風味をつける、ピットマスターのロドニー・スコット。

フライドチキンは、共通の土台

オサイ・エンドリン

　オーストラリアでスパイシーなチキンの販売を始め、5店舗目の〈ベルズ・ホットチキン〉の開店を機にアジア進出を計画、チャンス・ザ・ラッパーやアメリカンフットボール選手のマーショーン・リンチのような有名人が店を訪れるようになる前、モーガン・マクグローンは、ナッシュビルの自宅のポーチに座っていた。
　友人たちとスパイシーなチキンにかぶりつき、ほてった唇をビオ・ワインで冷やしていたとき、マクグローンはひらめいた。「これを、おれの仕事にしよう」と。10年間世界中をわたり歩いて料理を作り、アメリカ人の有名シェフ、ショーン・ブロックの下で3年間修業を積んだ後、ナッシュビルで最も有名な料理と、自らが愛飲する自然酵母を利用したビオ・ワインを組み合わせて、最もよく知る人々——オーストラリア人——に提供することを思いついたのである。
　だがもちろん、マクグローンがアメリカン・スタイルのフライドチキンの販売を思いつくずっと前から、数えきれないほど多くの人々が同じことを試みていた。
　少なくとも150年のあいだ、アメリカでは多くの人々がフライドチキンを製造販売していた。そもそもは、1863年の奴隷解放宣言の後、自由の身となった黒人女性たちが売り出したのが始まりだ。起業家精神に富んだこれらの料理人は「ウェイター・キャリアー」と呼ばれ、その調理技術とチキンを市場や鉄道駅に持ち込み、ヴァージニア州ゴードンズビルなどの街を通りすぎる旅行者に販売した。彼女らは、自分と家族を養うためにチキンを売った。なぜなら、それが、自分たちにできる唯一の仕事だったからだ。

アフリカ人やアフリカ系アメリカ人の料理人たちの貢献は何世紀も認められてこなかったが、今や南部料理と呼ばれる分野が生まれたことに関しては、彼らに負うところが大きい。18世紀半ばから奴隷解放宣言が出されるまでの時期に、フライドチキンのような料理が奴隷の料理人によって考案され、調理されていた。彼らは西アフリカの伝統料理と、北米大陸の先住民やヨーロッパ人入植者の伝統料理を融合させたのだった。

　19世紀初頭、トマス・ジェファーソンの遠縁にあたるメアリー・ランドルフをはじめとする上流階級の白人たちは、黒人料理人のレシピを横取りし、料理書を出版した。それらの本は、当時の白人の読者に天啓のごとく受け入れられ、フライドチキンなどの料理が、一躍幅広い人気を獲得することになった。一方、フードライターのエイドリアン・ミラーが著書『Soul Food: The Surprising Story of an American Cuisine, One Plate at a Time（ソウルフード：アメリカ料理の驚くべき物語詳解）』で述べているように、非人道的な環境の下でフライドチキンを完成させたアフリカ系アメリカ人たちは、その料理に対する愛情について、不愉快なステレオタイプを押しつけられることになった。奴隷として地主のために料理を作らされた後、生活のためにフライドチキンを売らざるを得ない境遇に追いやられたあげく、広告や絵葉書や新聞やチラシに、あたかもニワトリ泥棒であるかのように、あるいはフライドチキンばかりむさぼり食っているかのように描かれたのだ。このような黒人像や偏見は、今日もなお根強く残っている。そのため、アメリカに住む黒人の多くは、いまだに人前でフライドチキンを食べようとしない。たとえそうした黒人像に出会ったことがなくても、彼らは恥辱を背負っているのだ。

　このような侮辱的待遇にもかかわらず、フライドチキンが黒人コミュニティーの中で消え去ることはなかった。それどころか、60年の長きにわたるアフリカ系アメリカ人の大移動によって、フライドチキンはさらに広まった。この期間に少なくとも600万人のアフリカ系アメリカ人が、不穏で差別的な南部を逃れ、北部や西部の都市で新生活を始めた。学者サイキ・ウィリアムズ－フォーソンが著書『Building Houses Out of Chicken Legs: Black Women, Food, and Power（チキンレッグで建てた家：黒人女性の食とパワー）』で述べているように、これらの男女や子どもたちは、移動の際に列車のほとんどの設備の利用を禁じられたため、長旅にも保存がきくように工夫されたレシピでフライドチキンを作り、冷まして箱に詰め、食料として持ち込んだ。新たな故郷に到着すると、フライドチキンは日曜日の特別なごちそうになった──20世紀の前半を通じて、その地位が揺らぐことはなかった。

　そして第二次世界大戦から数年後、ハーランド・サンダースが、ケンタッキー

ホットチキンは世界的現象に成長したが、産声をあげたのは、〈ボルトンズ・スパイシーチキンアンドフィッシュ〉のような、テネシー州ナッシュビルのレストランだった。

州にたった1軒開いた圧力釜調理のフライドチキン店を、〈ケンタッキー・フライドチキン〉という本格的なフランチャイズビジネスに変貌させた。サンダースは、「カーネル」という軍の階級とは無関係な名誉称号や、奴隷制時代の大農園を彷彿とさせるイメージ戦略によって、〈ケンタッキー・フライドチキン〉を数百万ドル規模の大企業に成長させた。後に、サンダースが事業からほぼ退いた後、KFCは世界で2番目に大きなレストランとなり、100か国以上の国に店舗を構えるようになった。KFCの成功は(〈チャーチズ〉や〈ポパイズ・ルイジアナチキン〉の成功とともに)、南部のフライドチキンのひとつの形態を世界中に知らしめた。

　カーネルが最初のフランチャイズ店をオープンしてから約70年後、そして奴隷解放宣言から1世紀半後、愛想のいい、マオリ人とアイルランド人の混血の、

73　フライドチキンは、共通の土台

南部の有名シェフの下でスーシェフを務めていたマクグローンは、フライドチキンとビオ・ワインという組み合わせこそ、今求められているものだと考えた。そして、レシピとビジネスプランを携え、オーストラリアに飛んだ。

───

　これらすべてが善かれ悪しかれ可能であるのは、フライドチキンが、無条件に、根本的に、おいしいからだ。長い歴史のさまざまな時代で、フライドチキンは熱烈に求められ、拒絶され、歓迎され、非難され、けなされ、崇められ、利用されてきた──それも、しばしば同時に。この料理の正確な起源は特定できないし、おそらく特定しようとすること自体が的外れだ。料理の世界をざっと調べただけで、鶏肉を食べる文化のほぼすべてにおいて、油でカラッと揚げた鶏肉料理が考案されていることがわかる。

　アメリカ各地に見られる、骨つきの鶏肉にパン粉をまぶしてフライパンで揚げたものに加え、二度揚げしてコチュジャンで味つけした韓国のフライドチキンや、アドボの煮汁を擦り込んだグアテマラのフライドチキン、醤油とショウガとニンニクで味つけした日本の唐揚げに、ブラジルのフライドチキン、中国のフライドチキン、タイのフライドチキンがある。そして、料理研究家のアーシャ・ゴメスがジョージア州アトランタで流行らせた、インドのケーララ州とアメリカの融合と形容すべき、コリアンダーとミント、セラーノ（メキシコ産小型トウガラシ）を使ったチキンもある。食料品店で、ガソリンスタンドで、ファストフード店の店外窓口で、そして高級レストランで、フライドチキンはバケツ型容器やバスケットに入れられたり、サンドイッチやラップサンドに加工されたり、ビスケットのあいだにはさまれたり、ナゲットやささみフライ、フィンガーフライ、手羽先フライにされたりと、さまざまな形態で売られている。アメリカのある業界団体が概算したところによると、アメリカ人は2018年のスーパーボウル当日、1日で13億5千万本の手羽先を消費したという。その多くは、バッファロー・チキンと呼ばれるものだったに違いない。素揚げした手羽先にピリ辛ソースをまぶし、クリーミーなブルーチーズ・ドレッシングとセロリとニンジンのスティックを添えた料理だ。

　1945年、ソーントン・プリンスは、ハドレーパークというナッシュビルの黒人街に、アメリカ初のホットチキン専門店〈プリンス・BBQチキン・シャック〉を開店した。この店は現在〈プリンス・ホットチキン・シャック〉と呼ばれている。「ホットチキン」という名称は、その料理をみごとに言い表している。鶏の胸肉やもも肉、または手羽先に小麦粉をまぶして揚げ、特許取得の香辛料を振りかけるのだ（フライドチキンに関しては、何かと秘伝のスパイスがまぶされているものなのだ）。この香辛料には、例外なく大量のカイエンヌペッパーが入っている。通例は、チキンの脂と真っ赤な調味料を吸い取るために、しっとりと柔らかい白い

パンの薄切りに載せられ、甘いキュウリのピクルスを添えて供される。

　夕方から深夜ににぎわう〈プリンス・ホットチキン・シャック〉は、街のアフリカ系アメリカ人に料理を提供することで評判を築いたが、ダウンタウンに移転すると、白人たちも注目し始めた。それ以来何十年も、〈プリンス・ホットチキン・シャック〉は数多くの類似店とともに、ナッシュビルの、そしてアメリカの観光スポットであり続けている。今やナッシュビルでは、ホットチキンフェスティバルまで開催されている。2016年にはKFCも、アメリカの4,000店舗以上で独自のホットチキンの販売を始めた。

　マクグローンがはじめてホットチキンを食べたのは、2012年のことだ。ナッシュビルの〈プリンス・ホットチキン・シャック〉の影響を受けた〈400ディグリーズ〉という店のチキンだった。当時彼は、ナッシュビルの〈ハスク〉の料理長に昇格したばかりだった。この店は、師匠のブロックがサウスカロライナ州チャールストンに開いた有名レストランの2号店である。アメリカ南部にたどり着くまでの10年間、マクグローンは料理の道一筋でやってきたわけではなかった。サンパウロのアレックス・アタラやパリのピエール・ガニエのような有名シェフの下で料理を作っていたこともあれば、写真撮影の現場でも働いた他、ファッション界でボディーガードやスカウトの仕事をしたこともあった。そして、ロシア人モデルや、P・ディディの年越しパーティーや、ロックスターや、ピカソのオリジナル作品などが絡んだ愉快な経験、恐ろしい経験、常軌を逸した経験を、いやというほど積んだ。

　シェフの多くがそうであるように、マクグローンは放浪者だ。ニュージーランドが母国だが、彼が長くひとつの場所にとどまることは、めったにない。アメリカの南部を訪れ、3年半も滞在したことについては、ブロックの南部料理にかける熱意が大きな要因だったという。

　「南部料理なんかフライドチキンとバーベキューしかないと思っていたんだけど、実はものすごく洗練された料理だとわかった。ユグノーやユダヤ人入植者の影響を受けているし、特にチャールストンの料理は、ガラ人（サウスカロライナ州とジョージア州の沿岸または近海の島に住むアフリカ系アメリカ人）の影響が強い」と、マクグローンは語る。

　実際のところ南部料理は、とりわけ黒人色——アフリカ人色——が強い料理だ。西アフリカの人々とその子孫によって育まれ、洗練され、加工され、改良され、調理され、提供されてきたのだから。

　「こんな料理は、ぼくの文化にはない。ぼくはただ、それに引き寄せられただけさ」

　多くの場所で、しかし特にアメリカでは、ここがややこしい点である。ある文化に引きつけられるということは誰にでもあるし、「南部文化」は不規則に広

がる、混とんとした多層構造を持っている。ラッパーから片田舎のリスのハンターまで、誰もが南部の文化や土地、食べ物に関して一家言持っているだろう。だが、文化を横取りすることもまた、簡単なのだ。アメリカでは、アフリカ系アメリカ人のシェフが白人シェフと同等の評価や資金や報酬を得るのに苦労するパターンが顕著である。成文化された、あるいは暗黙の社会方針のために、19世紀にウェイター・キャリアーとして働いていた黒人女性たちは、自分たちのビジネスが世界的フランチャイズチェーンになるとは、予想もできなかった。

マクグローンの師匠であるブロックは、斬新な南部料理を提案し続ける一方で、彼の先人である南部の黒人料理人たちに賞賛と敬意を示すために、細心の注意を払わなければならなかった。そしてマクグローンは、南部で生まれ育ったブロックよりさらに分が悪い——ポリネシア人とヨーロッパ人の混血の移民であるうえに、地球の裏側でホットチキンを売っているのだから。

マクグローンは、才能あるシェフだ。レストラン業界で、彼は誰からも愛されている。マクグローンは、ホットチキンの辛さの微妙なレベルや、小麦粉の水和作用や、油の温度がいかにチキンの食感を左右するかについて研究してきた。彼は、ホットチキンを発明し普及させてきた歴代の黒人起業家たちの功績を認めている。勤勉な国際人であり、四か国語を操る。彼のチキンはオーストラリアの人々はもちろん、アメリカなどの外国人観光客に絶大な人気を誇る。自分の豆料理や野菜料理やマカロニアンドチーズが、南部で学んだレシピに忠実に作られていることに誇りを持っている。彼は人々に料理を食べさせることが好きで、彼の料理を食べることは人々にとって喜びである。

しかし、アメリカのフライドチキンは今後もずっと、人種差別と、暴力的で非道な黒人搾取とは切り離せないだろう。アメリカ以外の国では、この複雑な食べ物はその歴史から解き放たれているように見える。

ベルズビーチにある自分の店で、マクグローンはこう語った。

「まず、おいしい料理を作りたいと思う。その次に、その料理が伝統あるものであってほしいと思う。それから、その料理が伝統を継承していること、その料理が何かを意味していることを望むんだ」

ここにおいて、マクグローンはすべての料理に意義を与える2つの問いに着地した。すなわち、その料理がおいしいかという問いと、その料理が何を意味するかという問いだ。

フライドチキンに関しては、味については聞くだけ野暮というものだ。たとえベジタリアンだろうと、フライドチキンが大好きだ。おいしいフライドチキンもそうでもないフライドチキンもあるが、おいしくないフライドチキンも、ないよりま

しである。フライドチキンを作りたいと思う人は、作るべきだ。アメリカンスタイルのフライドチキンを売りたいと思う人は、市場に出てみるべきだ。フライドチキンは、地球上のあらゆる場所で食べられている。社会階層的にも政治的にも正反対の立場に属し、何ごとにも意見の一致を見ることがほとんどない人々でさえ、フライドチキンのおいしさについては同意するだろう。

　おいしさに疑問の余地がないとすれば、残る問題は、フライドチキンにどんな意味があるかということだ。どこの国で作られようと、アメリカのフライドチキンは、計り知れない逆境を耐え抜いた人々の、学びと努力と技術を背負っている。フライドチキンにつきまとう南部の色合いは、はるばるメルボルンやシドニーまでついてくる。そしてそこに、大きなチャンスが存在するのだ。もしフライドチキンを分け合うことに誰もが同意できたとすれば、それはフライドチキンの複雑な負の遺産の重みを分かち合う第一歩ではないだろうか。

一粒の実が
すべてを支配する

ティエンロン・ホー

　ゴマは文明の基礎であり、人類最古の耕作作物のひとつだが、アメリカ中西部のトウモロコシ地帯で育った私にとっては、せいぜい「ハンバーガーのバンズにくっついている白いもの」でしかなかった。
　あの白っぽい涙形をした小さな粒を見ただけでは、それがナッツのように風味豊かで、母がネギのパンケーキ（葱油餅〈ツォンヨウビン〉）の生地に塗る香ばしい油の材料であるとはわからなかった。味に関しては、ペルシアの市場で売られている黒いゴマに似た、ぼんやりとした味だ。その黒いゴマは炒ってすりつぶし、ゴマ粥（芝麻糊〈チーマーウー〉）にしたり、柔らかい白玉団子（湯圓〈タンエン〉）に入れる甘い餡にしたりした。芝麻醤という赤褐色の練りゴマペーストは、麺類から鍋料理まで、いろいろな料理の風味づけに使っていた。後に、大学でニンニクのきいたタヒニソースをたっぷりと塗ったファラフェルを夜食として食べるようになってから、ようやくタヒニと芝麻と、子どものころ食べたハンバーガーにくっついていた味気ない粒が、同じものだと気づいた。
　ゴマは、あらゆる場所にある。ゴマは、世界中のさまざまな料理人に多大なるインスピレーションを与えてきた。だが、外見や風味や用途に多くのバリエーションがあるにもかかわらず、世界中で油やペーストやパンのトッピングに用いられているゴマは、すべて同じ種類である。セサムム・インディクム（*Sesamum indicum*）という、約4千年前にインダス川沿岸のハラッパ（現在のパキスタン）で最初に栽培された種だ。

モントリオールでは、パンと菓子パンをゴマで飾る。

　野生のゴマは、そもそもはおそらくアフリカ原産の小さな黒い種に過ぎなかったが、世界中に伝わるうちに、大きさや色が変化したものと思われる。熱帯の暑さと日射しを好むものの、時おり雨が降る限り、冷涼な気候にも、痩せた土壌にさえも適応し生育できる。品種改良によって、小さくてなめらかな葉を持つ細長い苗も、分厚い葉の背が低い苗も作られたが、いずれの苗も、さまざまな味覚に訴える種をつける。

　栽培されたゴマの風味は、明るい色のものはミルキーで花のような香りがし、黒っぽい色のものは土の香りが強く、複雑でスモーキーな味わいである。種皮もしくは外皮の色により、黒ゴマ、白ゴマ、さまざまな色合いの茶ゴマ、赤ゴマ、金ゴマに分類される。白ゴマは最も油分が豊富で複雑な風味がすると考えられ

西安でも、パンと菓子パンをゴマで飾る。

ており、今日の市場では最高値で取引される。しかし、スーダンでは赤いゴマが最も濃厚でよいと考えられており、日本では深い味わいの黒ゴマが好まれている。これまでのところ、インドや中国で生産された2万5,000種類以上のゴマが、干ばつ耐性、病害虫耐性、栄養価、色、大きさ、風味によって、科学者たちに分類され、保存されている。古代インドでは、ゴマは魔よけのお守りであり、長寿の食べ物だった。病人の寝床の下にまいたり、ヒンズー教の神や先祖の霊に供えられたりした。ゴマの成分は、約半分が油で5分の1がタンパク質であり、カルシウムや鉄、その他の必須ミネラルも豊富である。非常に栄養があるため、ブッダは重湯にゴマ油をたらした食事だけで命をつないだといわれている。悟りに近づくころには、日々の食事はわずか一粒のゴマだけになったという。

　歴史的に、人類はおおむね油の形でゴマを消費してきた。生のゴマを圧搾すると、発煙点が高く淡白な味わいの、うす黄金色の油がとれる。炒ったゴマからは濃い褐色の芳醇な油がとれる。後者は調理に用いるより、ドレッシングとして使われるのがふつうである。インドの一部で今も使われている「jartila」という罵り言葉は、「野生のゴマ」の意だ。野生のゴマからはほとんど油がとれないので、「役立たず」という意味になる。

　ゴマは何千年も前にインドから、西のメソポタミア、エジプト、ギリシア、ローマ帝国に、そして東の中国をはじめとするアジアに伝わった。ゴマは栄養価が高いうえに、持ち運びしやすいからである。広大な砂漠を横断しても、腐敗しないのだ。唯一の欠点は、収穫に手間がかかることである。ゴマの実は熟すとさやが音をたてて弾け、大切な種子をまき散らしてしまうのだ（アリババの「開け、

ゴマ！」という呪文は、この特徴から着想を得たといわれている）。小さな種子を収穫するには、さやがまだ緑色の時期に刈り取り、束ねて乾燥させ、殻が風で飛ばされてしまう前に揺するか、棒で叩かなければならない。ほぼすべてのゴマはインドやスーダン、中国、ミャンマー、ナイジェリア産であり、生産地ではいまだに古来の方法で——貧しく、しばしば隷属下にある人々が、手作業で収穫している。

　ゴマは17世紀初頭、奴隷にされた西アフリカの人々とともに、大西洋をわたって南北アメリカ大陸に到達した。西アフリカの人々はゴマをベネと呼び、水に浸して油分を落としてからすりつぶし、煮込み料理に入れたり、ペーストにしてパンに塗ったりしていた。ベネは、ノースカロライナ州やサウスカロライナ州からジャマイカに至るまでの地域で、奴隷たちによって盛んに栽培されたが、北米大陸に広く普及するには、さらに3世紀の年月を要した。コンバインで機械的に収穫できる品種の育成と化学溶剤による外皮の除去の特許によって、ようやくゴマは商業的魅力を獲得した。〈マクドナルド〉のゴマを散りばめた分厚いバンズを使ったビッグマックは、1967年にアメリカで販売が開始された。

　十分に時間をかければ、食べ物は人間と同様に、かつてはなじみがなかったものも、やがては文化に深く根差し、新たな伝統を与えてくれる。ある土地の料理だと思われたものが、実は別の土地からやってきたものという場合もある。たとえば、ゴマをまぶしたバンズは、アメリカ以外の国と深く関係している。古代メソポタミアの西のはずれに当たる地中海東岸地方では、いくつもの国家に分断されるずっと以前から、ゴマを散りばめたパンが食べられていた。そのひとつであるカークというパンは、発酵させたヒヨコ豆で膨らませ、リング状に成型して焼き上げたものが一般的だ。イスラエルでは塩味をきかせるが、レバノンでは牛乳と砂糖で作った衣をかける。イラクでは、レーズンを入れたものが好まれる。ギリシアやトルコでは平たく作られ、クルーリもしくはシミットと呼ばれる。シミットは、ブドウの糖蜜で甘みをつける場合もある。紀元600年ころに中国にたどり着いたアラブの行商人は、これらのゴマを散りばめたパンや、ザータルというゴマ入りスパイスをかけたマナキッシュという平らなパンを売り歩いた。中国の少数民族の回族は、伝統的に薄い層状の生地にたっぷりとゴマをまぶし、塩味をきかせた具を包んだ焼餅（シャオビン）というパンを作っている。作り手と同様、これらのパンはいずれも関連性を持ちながら、それぞれに個性的だ。

　バンズと同じように、ゴマには調味料としての使用法も無数に存在する。中東全域では、白ゴマと、スマック（ウルシ科の植物の実を乾燥させたスパイス）やタイム、マジョラム、塩、他にも作る人によってさまざまなスパイスとブレンドし、ザータルという調味料が作られている。日本では、ゴマはゴマ塩やふりかけ、

他のことでは意見が食い違っても、フムスのおいしさについては意見が一致するのは、人類のすばらしい能力だ。

七味トウガラシ（黒ゴマ、白ゴマ、トウガラシ、ピリッと辛い山椒、陳皮、ショウガ、青ノリ）の主役である。シエラレオネのゴマ調味料は、油を搾ったゴマの残りかすを発酵させて作るオギリ・サロだ。そのペーストをいぶし、クリスマスブッシュかバナナの葉に包んでさらにいぶすと、柔らかくなってピリッとした刺激が出てくる。これを煮込み料理に入れ、味を引き立たせるのだ。インドネシアのチャブクは、稲わらの灰の中に保存されていたゴマを、塩とニンニク、トウガラシとブレンドしたソースである。

　ゴマのお菓子も、世界中で作られている。練りゴマとシロップを混ぜて作るヘルヴァという軽い食感の菓子には多くの種類があり、地域ごとに独特な風味が加えられる場合が多い。たとえば、イスタンブールではピスタチオが、テッサロニキではオレンジが加えられる。ユダヤ人移民とともにバルカン諸国や中東から伝わったヘルヴァは、19世紀にポーランドやルーマニアで流行し、現在はブルックリンで人気を博している。シリアからの移民がはるばるリオデジャネイロまでやってくるようになると、ブラジルのナッツを入れた特製のヘルヴァも登場した。

　ゴマのペーストは、イスラエルではタヒニと呼ばれ、イラクではラシ、イランではアーデー、トルコではタヒン、キプロスではタシと呼ばれているが、いずれもほぼ同じ方法で作られる。すなわち、ゴマの外皮をむき、炒ってすりつぶすのだ。中東ではなめらかでクリーミーな食感が好まれる一方、地中海沿岸地域では粒を残した方が好まれる。タヒニはシンプルにレモン汁で味つけしてパンに塗るか、肉や魚に塗って食べる。脂っこいタンパク質食品をさっぱりさせたり、ジャガイモや青野菜にコクを加えたりするためにも使われる。パレスチナ料理のラム・シニヤは、肉をローストする際にタヒニで覆うため、外側は香ばしく、中の肉は非常にジューシーに仕上がる。

　運がよければ、人類に共通するゴマへの愛情が、政治的境界を取り去ってくれるかもしれない。世界一おいしいタヒニのひとつは、イスラエル西岸地区で2番目に大きな都市ナブルスの郊外で作られている。そこではパレスチナ人が経営する最古のタヒニ工場が、エチオピアから輸入したゴマを、シリアから輸入したバサルト石の砥石ですりつぶしているのだ。イスラエル人にとってタヒニはなくてはならないものなので、法律によってパレスチナ市街に立ち入ることができないイスラエルのラビたちは、タヒニの製造過程をコーシャと認定するために、遠隔カメラで工場を監視している。西岸地区のタヒニ製造者の中には、イスラエルのベン・グリオン空港に自由に出入りできる特別待遇を与えられている者もいる。なんといっても、タヒニを作るには、水と油が分離しなくなるまで混ぜる必要があるのだ。

その一方で、ゴマが訴訟を引き起こし、ある食べ物の所有権をめぐる争いのもととなる場合もある。ヨルダンやシリア、イラク、レバノン、エジプト、パレスチナ、イスラエルなどの、中東のほぼすべての国の料理人は、フムスの所有権を強硬に主張している。特にイスラエル人とレバノン人は、フムスをめぐって真っ向から対立している。フムスとは、最もシンプルな形態では、ヒヨコ豆とタヒニを混ぜ合わせたものに過ぎない。そのシンプルな料理が、「伝統的なイスラエルのスナック」と表示したフムスのラベル論争から、世界最大のフムスのギネス記録をめぐる対決まで、さまざまな争いを引き起こしたのだ。消費者ボイコットや著作権侵害訴訟、EUへの嘆願書提出なども起こっている。

　2014年にはディップを販売するサブラという企業――イスラエルのシュトラウス社とペプシコの合弁会社――がアメリカの食品医薬品局（FDA）に嘆願書を提出し、フムスの定義を、ヒヨコ豆と最低5パーセントのタヒニで作られたスプレッドとするよう訴えた。同社は、13世紀のカイロで出版されたレシピと、フムスという名前の語源（フムスはフムス・ビ・タヒニの略で、アラビア語で「ヒヨコ豆の練りゴマあえ」の意）を挙げ、他社のある特定の商品をフムスとは似て非なる代物だと申し立てた。これはアメリカで拡大しつつあるフムス市場（年間売り上げ10億ドル）をめぐる競争に勝利するための一手だったが、フムスの正しい製法――そして正当な作り手――を決定しようとする試みでもあった。この嘆願書に関して、FDAはいまだ裁決を下していない。

　だが、現代の政治的分断や古代の王国よりはるか以前から、ゴマは存在していた。ゴマは多くの料理に欠かせない食材であるため、文化的アイデンティティのシンボルとなっているが、本当のところは、ゴマは多様な人々に育てられてきたために独特な形態に成長したのであり、ゴマを料理に使う人々の力によって、さまざまなレシピの中で生き永らえているのだ。

　人間と同じように、ゴマは根を下ろした場所に適応する。その場所で育ち、変化して、やがては新たな故郷の一部になる。乾燥した気候に耐えられるように早く成長する種類もあれば、嵐に耐えられるようにゆっくりと実る種類もある。苦味を持つ栄養豊かな実をつける種類もあれば、軽い風味と甘味を持つ種類もある。見た目は異なるかもしれないが、一皮むけば、すべて同じ種なのだ。

この土地に
根を下ろしたものは、
この土地のもの

レネ・レゼピ

　15年前にぼくらのレストラン、ノーマをオープンしたとき、目標として、北欧地方の可能性の探求を掲げていた。それがぼくらの料理の背景にある大前提であり、それ以上のことは考えていなかった。
　当初は、すべての鍵は食材だと思っていた。正しい食材を見つけ、そうでないものは切り捨てればよいのだ、と。当時の厨房での相棒マッズ・レフスルンドとぼくは、旬の素材の保存方法や、輸入ハーブやスパイスを避けることなどについて、非常に気を使っていた。何もかも完全に純粋な北欧産のものを使いたかったので、食材はすべて近郊で栽培されたものにこだわった。トマトのように、地中海原産で温暖な気候を必要とする野菜は、ぼくらの料理のやり方にはそぐわないと決めた。トマトが嫌いだったわけじゃない。ぼくの子どものころの一番の思い出は、マケドニアの生家の中庭でトマトをもぎ取り、果肉に歯で穴を開け、20分かけてゆっくりと汁を吸い出してしわしわの皮だけにし、人工のトマト・レーズンを作ったことなのだ。
　開店したてのころにぼくらがしていたことはいずれも、アイデンティティを手探りで求める行為だった。必ずしも意図的な行為ではなかったが、自分たちを何かにつなぎ留めたいという思いに駆り立てられた行為ではあった。これらの制限はやがて改めることになったが、とことん地元にこだわったことは、実に得難い経験となった。ぼくらが野生の食材と食材採集を高く評価する姿勢は、この制限から生まれたのだ。身近にある食材をよく知り、天候の微妙な変化がそれ

オーストラリアで食材採集に励むデンマークの料理人。

らの食材の質を決定することを理解したなら、次なるステップは当然、自ら自然の中に分け入って食材を探すことだった。

　食材採集には、ぼくの心に確かに響く何かがあった。以前の職場でもシェフが山菜やキノコを採りに行っていたが、量としてはごくささやかなもので、一般的な北欧の人々がする程度以上のものではなかった。外に出かけて行って、自然の中で食材を見つけるという行為が、ぼくの中に眠っていた何かを目覚めさせたようだった。

　ぼくは若いころ、フランス料理やイタリア料理やスペイン料理のシェフたちから、祖母の手料理がおいしかったという話や、祖母の手伝いをするうちに料理人になると決めた忘れられない瞬間のエピソードを聞かされた。そんな話を聞くたびに、こういう思い出話は過剰に美化されるものだし、そもそも作り話かもしれないとすら思っていた。シェフたちの祖母が全員料理上手だったなんてことが、あり得るだろうか？　偉大なシェフたちの中には、子どものころにまずいものばかり食べさせられていたから、料理をせざるを得なくて結果的に料理人になったという人はいないのだろうか？

　ぼくは、自分の子どものころのことを思い出してみた。うちはマケドニアで暮らす貧しいアルバニア人農家で、大人たちが畑で働いているときは、子どもたちは近所をぶらついて、ベリーや野生の栗をとっていた。つまりぼくは、食材採集をしながら育ったのだ。子どものころのその行為に、名前などなかった。ぼくらは、遊びだと思っていたのだ。しかし大人になってみて、自分が育ってきた環境が魅力的だったことがわかるようになった。そして、ある種の文化的物語が高く評価されているとしても、あまり知られていない物語にも同じくらい価値があることに気づいた。

　ぼくらはまだ、ノーマを開店したときに始まった旅のさなかにいる。広い世界の、この北欧という地方で料理人をしていることの意味を、いまだに模索しているのだ。地元の食材だけを使用するという当初のアイデアは、やがて数々の新たな疑問の重みによって崩壊し始めた。ある食材が真に地元産だと言えるのは、いつからか？　その食材がこの土地のものだと言える理由は何か？　ある食材が、「自信を持ってメニューに載せられる」という地点に到達するには、何が必要なのか？

　どんどん時間をさかのぼっていけば、ふだん食料庫に入っている食材のほぼすべてが、よその土地からやってきたものであることがわかる。やがて、カルダモンなどの食材が地元で千年の歴史を持っていることがわかってくる。では、なぜカルダモンを使ってはいけないのか？　なぜシナモンを遠ざけるのか？　ショウガパウダーは南アジア原産だが、伝統的なデンマークの焼き菓子には欠

スカンジナヴィア地方ではお目にかかれない各種のトウガラシ。

かせない食材だ。ほとんどの北欧人はその風味になじんでおり、自分たちの味と見なしている。

　これは、食材だけの話ではない。アイデアもまた根を張り、成長していく。この10年のあいだ、ぼくはメキシコに長く暮らし、トウガラシの辛味を味のひとつとして認識するようになった。口の中が焼けるような、あの感覚だけではない。さまざまなトウガラシの異なる味のニュアンスに目を向けるようになれば、辛味を手なずけることは、うま味をきかせたり酸味で遊んだりすることと同じだとわかる。そしてひとたび使い方を学べば、辛味は塩味や甘味や苦味などと並ぶ、第六の基本的味覚となる。辛味は北欧料理では主役を張ることはないが、そこに存在するとわかっているのに、この第六の味覚を使わない理由はあるだろ

トゥルムでディナーの準備に
追われるノーマの料理人たち。

うか？　50年前に、いや、たとえ5年前にこの地方に存在しなかったとしても、関係ない。すばらしい結果につながるかもしれない。

　同じ質問は、人についても問うことができる。10歳になるまで、ぼくはマケドニアが自分の故郷だと思っていた。それはユーゴスラビア紛争によって終わり、次にデンマークが故郷となったが、子ども時代の大半は、マケドニアとデンマークを行き来して過ごした。駆け出しの料理人だったころは、旅をすることが当たり前だった。最高の厨房で料理するためには、故郷を離れなければならないからだ。最近はどうかというと、ここ3年間で日本、メキシコ、オーストラリアに期間限定レストランを開いていた時期を差し引けば、デンマークで過ごした時間は、おそらく半分ほどでしかない。そうなると、どうも自信がなくなってくる。

ぼくはスカンジナヴィア人だろうか？　この地方の地元民と言えるだろうか？

　今のぼくの考えでは、この土地に育つものは、この土地のものだ。もしメキシコの農家からもらった種をデンマークの畑にまき、おいしいものが育ったなら、ぼくは喜んでその食材を迎え入れる。

　幸いにも、ノーマにはぼくらと働きたいと思ってくれる人々がたくさん集まっている。このレストランの料理人や研修生は、世界中からやってくる。多くの人は、ここに来た当初はすんなりとなじめずに苦労するが、さまざまな国の出身者が集まっている環境をうまく乗り切る術を身につければ——異なる意見や態度を理解し、取捨選択できるようになれば——どこへ行ってもやっていけると思う。

　とはいえ、自分の道を見つけるための努力を、彼らだけに押しつけてはいけない。ぼくらのところで働く人たちに成功してほしいと思うなら、彼らが快適に働けるように気を配らなければならない。人々に——特に、よその国からやってきた料理人たちに——よりどころを見つける時間を与えることは、非常に重要だ。彼らは仕事のための努力を惜しまないだろうが、努力できる環境をこちらも整えなければならない。

　以前は外国から来た料理人たちに早く慣れてもらうために、個人的に声をかけていた。一対一でじっくりと膝を交え、彼らが悩んでいることについて話し合った。住む場所は見つかったかとか、同僚とうまくいっているかとか、そういうことだ。ところが、上司であるぼくに対してけっして腹を割らない人々もいた。ノーマのテストキッチンのシェフである高橋惇一は、ぼくに一切泣き言を言わなかった。たとえホームレスになって、路上に血を流して倒れていても、彼は「大丈夫です、シェフ。すべて順調です」と言ったと思う。

　そこで義理の母のベンテ・スヴェンセンに相談し、スタッフたちのおばあちゃん役を務めてもらうことにした。ベンテは、精神療法医の資格を持っている。彼女の現在の職務は、スタッフ全員が落ち着いて快適に過ごせるように気を配ることだ。相談されたことの秘密はけっしてもらさないが、スタッフたちの関係で気づいた点があれば、それがよいものであれ悪いものであれ、改善もしくは調整のしかたを教えてくれることになっている。

　いずれも、単純だったりすんなり解決したりするものではなかった。20代の若者たちは、あらゆる状況にいちいち異なる反応を示し、異なる適応のしかたをする。さまざまな出自と文化と意見と生き方がひしめく環境を、うまく乗り切る道を見つけなければならないのだ。言語はひとつの壁である。言葉の違いによって、本当にたくさんの失敗や誤解が生じた。たとえば、オーストリア人のシェフに何か指示したとしよう。彼は2階に行ってマレーシア人の助手にその指示を

伝え、助手はドイツ人研修生に指示の内容を説明する。異なる言語に翻訳されるたびに、伝えるべき内容の20パーセントが失われていく。数時間後に出来上がったものを見て、ぼくは思う——何だ、こりゃ？

　もしスタッフ全員が英語を話すデンマーク人だったとしたら、厨房は機械になったようにほとんど完璧に仕事が進むだろうが、同時に多くのものを失うことになると思う。スカンジナヴィア人は大体において、非常に寛容な精神を持っているが、驚くほど似通っている。ふと気づけば、ぼくらは同じように考え、同じように行動している。ともすれば、古い方法論に囚われがちだ。多文化主義は、難しい。その難しさは、今後も変わらないだろう。いいものは、簡単には生まれない。寛容で共感的な文化は、単に異なる文化の人々をいっしょにしただけでは、けっして育むことはできない。一人ひとりが、隣にいる人が自分とはけっして同じではないという事実を受け入れ、相手の価値を認める努力をしなければならない。デンマークのような国やアメリカの人々は、移民に対して、一方的に同化するように求めがちだ。しかし、同化というのは双方向の作用だ。迎え入れる側も、新しく来た人々が少しでも楽になじめるように努力しなければならない。

　経験から言って、それは努力するだけの価値はあるが、その努力に終わりはない。ぼく自身の父親を見てもわかる。父は、南欧から移民してきたイスラム教徒だ。何十年もデンマークに住み、デンマーク人に囲まれて過ごし、一家を支えてきた。そして、何度もこんな言葉を聞かされてきた。「あなたのことを言っているんではないんですけどね、他のイスラム教徒は……」

　偏見を克服することは、難しい。ぼくらにできるのは、人々の偏見に対し、ひとりずつ、根気よく向き合っていくことしかない。

　数年前から、ぼくらはノーマを母国から新たな場所に移すことを計画し始めた。そうした話し合いをするときは、その新しいレストランを明確に思い描こうと努めていたのだが、あるひとつの不安がどうしてもぬぐえなかった。新しいレストランを開いて半年たったとき、ふと気づけば、前にやっていたこととまったく同じことをしているのではなかろうか、と。

　ぼくらは、今の仕事がすっかり板についてしまった。ぼくらの方針をゲストにいちいち説明する必要もなくなった。このレストランを理解してもらえる環境が整ったのだ。ぼくらが生み出した美学は、北欧全域で受け入れられた。だが、これらの名誉に安住してしまっては、意味がない。前に進む意志がないのなら、やめてしまったほうがましだ。

　どこかよその土地に行き、ここでやっていることとは違うことに挑戦する必

要をぼくらは感じていた。まったく見知らぬ場所に身を置くことがどんなものかを知り、まったく新しいやり方を受け入れたいと思ったからこそ、この期間限定レストランを計画したのだ。この３年間、レストランの全スタッフは、世界のさまざまな地域で半年間すごしてきた。

　最初のレストランは、日本でオープンした。ぼくは先遣隊を送り出し、先行調査と新メニューの開発を始めてもらった。ところが数週間後に日本に到着したとき、彼らは日本の食材で、デンマークにいたときとほぼ同じ料理を作っていた。ぼくは、彼らを酷評した。危惧していたとおりの事態が起こっていたからだ。「そちらへは行かない」と言うのは、とても勇気がいることだ。だが、うまくいくとわかっていることは、やってはいけない。

　次のレストランは、オーストラリアのシドニーに開店した。この都市は、コペンハーゲンから最も遠い場所にある。シドニーに行こうと思った主な理由は、オーストラリア先住民の伝統的な食生活と、彼らが最初に発見し利用してきた食材を使って、ぼくらにどんな料理が作れるか知りたかったからだ。その食材とは、果物、昆虫、植物の根、灌木、海産物である。

　この数年間、ぼくらは見知らぬものを進んで受け入れることを自らに課してきた。そのためには、驚いたり、不快な思いをしたり、当惑したりすることを覚悟する必要がある。そうでなければ、よその土地へ行く意味がない。たとえば、デンマークに来た人に、「この国は寒すぎる」と文句を言われたくはない。飛行機を予約したとき、いったいどこへ行くつもりでいたのだろう？　しかし残念ながら、こういうことは実によくある。特に、食べ物に関しては──人間は、慣れ親しんだ味を求めるものなのだ。

　言いにくいことではあるが、旅をする方にもまた、努力が必要だ。よその国や他人の家に行くとき、こちらがすべてを理解できるように向こうが気を配るのが当然だと思ってはいけない。こちらからも、相手の文化や食生活を理解する努力をしなければならない。そのために、本や新聞を読み、人々と話をするべきだ。ぼくらの最新の期間限定レストランは、メキシコのトゥルムにオープンした。メキシコには友人も多く、現地で暮らした期間も長かったが、到着する前に、メキシコの歴史や料理について改めて多くの文献をあたった。

　未知のものに対しては、敬意と公平な心を持って近づかなければならない。実際に顔を合わせ、こちらから出向いて教えを請わなければならない。ぼくらはけっして完璧ではないが、どこへ行っても地元のコミュニティーとうまくやってきたと思う。ぼくらは、熱心に研究する。ぼくらは、他人のアイデアを借用するためにさまざまな土地へ行くのではない。異なる生活の中につかの間身を置き、自分たちの思考様式を変えるために行くのだ。ぼくらは税金を払い、訪れた国にお金

を還元している。食材については、十分以上の対価を支払う努力をしている。しかし、何ごとにも必然的結果というものがある。メキシコで、ぼくらはトウモロコシ1キロ当たり25ペソ——通常は6ペソ——払おうとした。ところが、地元の組合から「それは困る。市場そのものが崩壊してしまう」と言われてしまった。

　それはまた、別の話である。訪れた土地を完全に理解することは不可能だという事実を、ぼくらは受け入れなければならない。ニシュタマリゼーション（穀物をアルカリ水で処理する技術）の仕組みをきちんと理解していたとしても、何十年も自分の手でトウモロコシ粉をひき、毎日その香りをかぎ、それを食べて生きていくこととは、比較にすらならない。書物から得た知識は経験から身につけた技術と太刀打ちできないし、人生を根本的に変える覚悟がなければ、その技術を追求するべきではない。ぼくらにとって旅をすることは、人々から学ぶことであり、故郷に帰って再び料理を作りたいと思わせてくれるものを見ることなのだ。

　もちろん、ごく少数ではあるが、ぼくたちに反発する人たちもいる。そんな人たちは、ぼくらがしていることを見て、「ここで何をしている？　メキシコ人（あるいは日本人、またはオーストラリア人）ではないのに、この国で料理をするな」と言う。実にひどい態度だが、これは現在の世界が向かっている危険な方向を反映していると思う。旅をして互いに学び合うことができなくなれば、誰もが狂信的な国家主義者になってしまう。

　お互いに、間違いを犯す余地を少しだけ認めよう。間違いと言っても、根が深いものや、不道徳なものや、人種差別的なものではなく、善意の過ちという意味だ。よその土地からやってきた人間は、認識不足から間違ったことを言ってしまう場合がある。それは学びの一部なのだから、とがめるべきではないと思う。安住の地を離れ、外の世界に触れることは、特に若い料理人にとっては必要なことだと、ぼくは心から信じている。他の人々について学ぶとき、ぼくらは自分自身についても学んでいる。旅をすること、移住すること、学ぶこと、そして分かち合うことは、皆に活気を与えてくれるのだ。

トウモロコシをアルカリ溶液でゆっくり煮ると、風味と栄養価が増す。

木の葉が
食べ物を
湯気で包む

アラリン・ボーモント

　世界中の伝統的料理を区別しているかに見える表面的な差異は数々あるが、人類は同じ発想に囚われる傾向が顕著である。2万年以上にもわたって、人間は至るところで木の葉に食べ物を包み、熱湯でゆでたり、熱い砂に埋めたり、大釜や土の窯で蒸したりと、さまざまな方法で調理してきた。木の葉は、熱や砂や水が食べ物に直接触れないように保護する役割を果たす。また、蒸気を閉じ込め——湿潤な調理環境を作り出し——その香りと風味を食べ物に移す。

　使いやすく食用に適した葉は、格好の道具になる。竹、桜、カボチャ、ブドウ、キャベツ、ハス、パンダン（熱帯地方で育つタコノキ科の植物）、ヤシ、柏、タロイモ、バナナ、トウモロコシの皮など。中には、さらに用途が広い葉もある。たとえば、パパイヤの葉にはパパインという酵素が含まれており、肉を柔らかくする作用がある。ほとんどの料理は、食べ物を包んでいる葉をむき、中身だけを食べる。トウモロコシの皮で包んだタマレスや、ハスの葉で包んだ糯米鶏(ローマイガイ)などがそうだ。だが、葉と中身をいっしょに食べる場合もある。ブドウの葉で包んだドルマや、ロールキャベツ、そして桜餅——日本で食べられている、塩漬けの桜の葉で包んだ、美しいピンク色の餅——がそうである。

　葉や皮で食べ物を包むことで、持ち運びしやすくもなる。たとえば、南北アメリカ大陸では各地でタマレスが好まれているが、それは物理的にも文化的にも長い距離を、簡単に持ち運べるからである。タマレスは通常トウモロコシの皮で包むが、ユカタン半島のオアハカ州や南米大陸の多くの土地で見られるよう

木の葉で食べ物を包む調理法は、基本的にすべての地域の人々が用いる。

コチニータ・ピビル

トウモロコシの皮で包んだタマレス

バインイットニャンズア

粽子(ツォンズ)

スマン

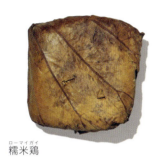

糯米鶏
(ローマイガイ)

バナナの皮で包んだタマレス

モック・プラー　　　　　　　　　　　桜餅

に、バナナの葉で包んだものもある。ミシシッピ川デルタ地帯では、「ホットタマレス」という食べ物が作られている。これは、マサ（トウモロコシの粒をアルカリ水で処理し、細かく挽いたもの）の代わりにコーンミール（乾燥させたトウモロコシを挽いて粉にしたもの）で作った生地に、トウガラシとチーズをまぶし、蒸す代わりにとろ火で煮たものだ。

　地球上の至るところで、人類は大きな葉やシュロの葉で肉の塊や動物を丸ごと包み、焼けた石炭とともに土に埋めている。ハワイで食べられているカルアピッグや、ニュージーランドのハンギがそれだ。その原理は、海藻や牡蠣のローストの上で調理されるアメリカ東海岸のクラムベイクという料理と同じである。クラムベイクの場合は、濡らした黄麻布が木の葉の役割を果たしている。そしてもちろん、葉を使った料理の仲間には、食物を硫酸紙で包んでかまどで蒸したアン・パピヨットという調理法もある。

　木の葉で包む調理法は、人類が考え出した最もシンプルでエレガントなアイデアのひとつだ。世界に広く行われているこの調理法が、われわれを結びつけている。木の葉で包むというひとつの基本原則を、さまざまな方法に適用することで、実に興味深い料理が生み出されるのだ。

木の葉を用いた料理の例

アシの葉
　ちまき(日本)
　粽子(ツォンズ)(中国)

アボカド
　タマレス(メキシコ)
　バルバコア(メキシコ)
　ハタ科の魚(メキシコ)

イチジク
　ラブラキ・スティン・スチャラ
　　(ギリシア)
　オハ・サンタ
　　(メキシカンペッパーリーフ)
　魚(メキシコ)
　タマレス(メキシコ)

柏
　柏餅(日本)

カボチャ
　野菜(ウガンダ)

カンナ
　タマレス、キンボリートス
　　(エクアドル)

キャベツ
　サルマ(トルコ)
　蒸しロールキャベツ
　　(中国、東ヨーロッパ)

クズウコン
　バインチュン(ベトナム)

ココナッツ
　オタック・オタック
　　(インドネシア、シンガポール)
　ケトゥパット
　　(インドネシア、マレーシア)
　スマン・サ・イボス(フィリピン)

桜
　桜餅(日本)

スイス・チャード
　米とひき肉(レバノン、シリア)
　サルマ(トルコ)
　ロジョス・デ・コルデロ・イェ・
　　アセルガス(スペイン)

竹
　魚(東南アジア)

　笹あめ(日本)
　ちまき(日本)
　粽子(ツォンズ)(中国)

タロイモ
　タロイモ・プディング
　　(ソロモン諸島)
　パルサミ(サモア)
　ラウラウ(アメリカ)
　ループル(トンガ)

トウモロコシの皮
　ウミータス(アルゼンチン、
　　ボリビア、チリ、エクアドル、
　　パラグアイ、ペルー)
　エンヴェルトス・デ・マソルカ
　　(コロンビア)
　カバンガ(パナマ)
　ケンケ(西アフリカ)
　タマレス(メキシコ)
　チャパナス(ペルー)
　チュマレス(エクアドル)
　ナカタマル(ニカラグア)
　パモーニャ(アマゾン川流域)
　ボジョス(コロンビア)

ハス
　乞食鶏(ベガーズチキン)(中国)
　糯米鶏(ローマイガイ)(中国)

バナナ
　アモック(カンボジア)
　アヤカ(ベネズエラ)
　エントゥラ、カトゥンクマ
　　(ウガンダ)
　オタック・オタック(インドネシア、
　　マレーシア、シンガポール)
　カオトム・マット(タイ、ラオス)
　カオニャオ・サンカヤー(タイ)
　ケンケ(西アフリカ)
　コチニータ・ピビル
　　(ユカタン半島)
　魚(インドネシア)
　タマレス(メキシコ)
　チャルア(ベトナム)

　ナカティ、ナカスガ、エンデレマ
　　(ウガンダ)
　バインイットニャンズア
　　(ベトナム)
　バインテト(ベトナム)
　バインボッロックラー(ベトナム)
　バカロロ(フィジー)
　フアネス(ペルー)
　プト(フィリピン)
　ペスカード・ティキン・シク
　　(ユカタン半島)
　ペペサン(ジャワ島)
　ペペス・イカン(インドネシア)
　ボトック(インドネシア)
　ホー・モック(タイ)
　ホー・モック・プラー(タイ)
　マトケ・ニャマ(ウガンダ)
　モイモイ・エレウェ(ナイジェリア)
　モック・ノー・マイ(ラオス)
　レンペル・アヤム(インドネシア)
　ルウォンボ(ウガンダ)

パパイヤ
　肉(太平洋諸国)

パンダン
　カノムタコ(タイ)

パンノキ
　パルサミ(サモア)

ブドウ
　クペッピア(キプロス)
　魚(地中海地方)
　サルマ(メキシコ)
　ドルマ(ギリシア)

マゲイ(リュウゼツラン属の植物)
　バルバコア(メキシコ)

ヤシ
　カノムタン(タイ)
　スマン(フィリピン)

レモン
　ポルペッテ・コン・フォリエ・ディ・
　　リモーネ(シチリア島)

食べ物は
世界の入り口

ビニ・プラダン、ヒーナ・パテル、イサベル・カウディーリョ

　移民の多くは、少なくとも短期間は、食品産業に携わる。その土地の言語や文化をよく知らない人々が就くことができるのは、レストランの仕事や農業だけであることが多いからだ。しかし、多くの移民起業家にとって、食べ物は生計の手段にとどまらず、自らの文化的アイデンティティを保持する道でもある。彼ら彼女らは自分たちにとって大切な意味を持つ料理を作り、売ることで、地元の経済とコミュニティーに貢献する。移民たちが新たな土地に故郷の食材や味や調理技術を持ち込み、その土地の食材や味や調理技術を取り入れることで、新しい料理が生み出される。

　サンフランシスコには30万人もの移民が暮らしており、その多くが起業を目指している。しかし地価が法外に高く、経済の変動が激しいため、小規模の独立したビジネスを、特にレストラン業を営むには、アメリカの中でも最も難しい都市のひとつだ。過去20年にわたり、多くのNPOがさまざまな業界の中小企業の支援に乗り出している。〈ラ・コシーナ〉は、サンフランシスコのミッション地区にある、主にフードビジネスの起業を目指す移民女性の支援を行う低所得起業家支援団体だ。

　〈ラ・コシーナ〉は、シェフや食品販売者がレストランのコンセプトを創造し発展させ、メニューを開発し、優良事業を経営する技術を身につけるために、商業用キッチンスペース、職業訓練、そしてマーケティングの機会を提供している。2005年の設立以来、50人以上の起業を援助しており、その多くはすでに

自立してレストランを営んでいる。この章では、〈ラ・コシーナ〉のプログラムに参加した3人の起業家を紹介しよう。

　ビニ・プラダンは、ネパール王室の料理長の娘だ。彼女は、新たな機会を求めてアメリカに移住した。現在は〈ビニズ・キッチン〉でモモ——ネパールの蒸し餃子——を販売している。

　ヒーナ・パテルは、20代前半に結婚し、ムンバイからロンドンに移住した。イギリスでの生活になかなか順応できず、夫と子どもたちとともにカリフォルニアへ再移住する。カリフォルニアで英語を学び、一念発起して〈ラ・コシーナ〉のプログラムに参加し、〈ラソイ・インディアンキッチン〉を立ち上げた。

　イサベル・カウディーリョは、〈ラ・コシーナ〉のプログラムに参加する前は、自宅で料理を提供していた。〈ラ・コシーナ〉を知ったイサベルはチャンスに飛びつき、無許可の営業から合法的な事業へと移行した。彼女のレストラン〈エル・ブエン・コメール〉は、2017年の開業以来、批評家たちの賞賛を集めている。

　ここに登場する3人の女性は、それぞれ移民起業家としてまったく異なる経験を持つが、それでも世界中に何百万と存在する小規模事業主にとっては、驚くほど共感できる点がある。移民であろうとなかろうと、レストランの経営は、人々に愛を与える仕事なのだ。

ビニ・プラダン
聞き手：ジョエル・ハロウェル

　まずは、私が作ったモモを食べてみてください。これが世界で一番おいしいモモだと、皆さんにわかってもらいたいのです。いつか「最高のモモを作る料理人」と呼ばれることが、私の夢なんです。それを可能にしてくれるのが、私のモモだと思っています。

　料理人になることは私の運命で、あらかじめ決まっていました。私の母は、1960年代にネパールのカトマンズで王室の料理長をしていたんです。カトマンズは、ヒマラヤ山脈に囲まれた美しい大都市です。実家は上流階級に属し、兄と姉とわたしの3人兄妹は、最高の学校に通うことができましたし、望むものはすべて手に入りました。旅行もたくさんしました。航空技師だった父が仕事でたびたびアメリカへ行くので、よく私たちも連れていってもらったものです。

　父はインドの大学に進学し、フランスで工学の学位を取得しました。母と出会ったのは、ある社交上の集まりでのことです。恋愛結婚でしたが、許されぬ愛でした。父はネワール族の出身で、母はブラフマンだったからです。どちらもそれぞれの民族のカーストの最高位に属していましたが、父の家族は結婚の相

手について、独自の考えを持っていました。私の両親にとってはつらいことでしたが、高度な教育を受けていた父は家族に頼る必要がなかったため、親に逆らいました。その結果、勘当されてしまいましたが、父は母のために戦ったのです。

　私の両親は厳格で、私たち兄妹は年長者を敬い、食べ物を大切にすることを教えられて育ちました。私は幼いころからずっと料理に関心を持っており、家で母といっしょに料理をしながら大きくなりました。どんなスパイスを使うかとか、母の料理の秘訣をすべて見て学んだのです。大学進学の時期を迎えると、私はホテル経営と料理を学べるインドの専門学校に進学しました。

　やがて、姉が高校時代の恋人と結婚しました。相手はアメリカの大学へ進学していたので、アメリカに住むことを望んでいました。姉は恋人と結婚するためにアメリカにわたり、アメリカ人になりました。2004年1月、私は甥の誕生に立ち会うためにサンフランシスコを訪れた後、ネパールに戻って〈ラディソンホテ

ル〉の食品・飲料サービスの仕事に就きました。その後、再びアメリカを訪れたとき、好条件の仕事をオファーされたのです。私は野心家で、サンフランシスコが大好きだったので、喜んでアメリカに残りました。この街はとても美しく、多様性に富んでいます。人々はとても親切で、心を開いて接してくれました。多くのチャンスに恵まれましたし、11年前にアメリカ国籍を取得することもできました。

　祖国では上流階級に属していたので、他の移民たちよりは恵まれていました。私は、試練から逃れるためにアメリカにわたったわけではないのです。移民生活の本当の意味での試練は、今は元夫となった男性との出会いから始まりました。

　元夫とは、2004年の暮れに共通の友人を介して知り合いました。私はサンフランシスコで料理人として働いており、元夫は海軍予備役で、ミシシッピ州の看護学校に通っていました。結婚後、私はミシシッピ州に移り住みました。

　それまでは、ミシシッピ州のような場所を見たことがありませんでした。〈ワッフルハウス〉のような店に入ったこともありませんでした。私たちが店に入ると、人々がじっと見つめてくるんです。肌がヒリヒリするほど強い視線でした。「かわいそうに」とも言われました。そのたびに、（何がかわいそうなの？　私のどこがかわいそうだって言うの？）と思ったものです。サンフランシスコでは、よそ者だと思わされたことはありませんでした。だって、ほとんど誰もがよその土地の出身なんですから。サンフランシスコを訪れ、この街が気に入り、居ついた人々です。サンフランシスコでは、誰もが移民なのです――何も特別なことじゃありません。

　ミシシッピ州に引っ越してすぐ、虐待が始まりました。夫はアルコール中毒で、9年間私を性的にも肉体的にも精神的にも虐待しました。次は何をされるのだろうと、気が休まるときがありませんでした。元夫は私が神に祈ることを許さず、電話をかけたり友人を作ったりすることを禁じました。私を完全に孤立させたのです。

　何千回となく受けた虐待の中でも最悪の出来事は、元夫が私の顔に牛肉を投げつけたことでした。ネパール人は牛肉を食べませんが、元夫のために、私は信仰に反して牛肉料理を作っていたのです。彼はその料理を私に投げつけ、「おまえは役立たずだ」と言いました。それこそ、私が常に感じていたことでした。私は役立たずで、救いようのない人間だ、と。

　初めのうちは、これが彼の愛情表現だと、私を愛するが故にこんなことをするのだと思っていました。私は海外で学問を修めた人間です。有名ホテルの飲食サービス部で高い地位についていた、自信に満ちた女性でした。それなのに、元夫と暮らし始めたとたんに、電話をかけることさえ恐ろしくなったのです。私の声は、いつも震えていました。元夫は常に私を批判し、うまくいかないことは、すべて私のせいだということになりました。

私は、虐待というものを知りませんでした。ネパールでは恵まれた環境にいたので、そんな恐ろしいことがあるとは知らなかったのです。両親にはとても話せませんし、姉にさえ打ち明けられません。元夫が許さなかったので、2年も姉に電話できなかったからです。元夫にされた仕打ちは、全部自分の胸にしまっていました。
　息子が生まれた後、虐待はさらにひどくなりました。母乳が出ないので、わが子に母乳を与えることさえできません。このままでは私が元夫を殺すか、元夫が私を殺すかというところまで来ていたある日、ついに姉が私に電話をかけることに成功しました。私はすぐにカリフォルニア州ターロックの保護施設に移り、その後息子とふたりでサンフランシスコの姉の家に身を寄せました。そして数か月後、ふたたび料理を始めたのです。
　姉はサンフランシスコで保育所を経営していて、そこの利用者の中に、私が料理上手なことを知っている人がいました。その人が料理を注文してくれて、最初のお客さまになってくれたのです。そんなふうに、本当に少しずつ、人から人へ口コミで評判が広まっていきました。仕事が軌道に乗り始めると、両親がやってきて、6か月ほど起業を助けてくれました。母は調理を手伝ったり、料理を袋詰めしたりしてくれましたし、父までが野菜を刻む手伝いをしてくれました。義理の兄は、ウェブサイトを作成してくれました。私は毎日、自分の料理を詰め込んだ袋をいっぱい積んだ車に息子を乗せ、あちらこちらに料理を届けました。息子の知育教材もすべて車に積んでありましたし、お昼寝は車の中でさせました。おむつも、私道に車を止めて替えていました。初めのうちは、姉の家で調理していましたが、やがて現在のアパートに引っ越しました。8か月後には、顧客の数はおよそ150人になっていました。
　当時はよく「あなたは〈ラ・コシーナ〉に行っていたの？」と聞かれたものです。あまりにもたびたびたずねられるので、（〈ラ・コシーナ〉って何だろう？）と気になっていたところ、保育所の利用者の方が教えてくれました。起業のしかたを教えてくれて、援助をしてくれる団体だから、ぜひ私も申し込むべきだというのです。私にぴったりだ、と。そこで説明会に行ってみると、〈ラ・コシーナ〉のキッチンは、希望者でいっぱいでした。これではとても選ばれないだろうと思いました。
　面接には、姉夫婦が付き添ってくれました。精神的虐待を受けた後、私がすっかり自信を失っていたからです。〈ラ・コシーナ〉のスタッフにビジネスプランの説明を求められたとき、私は率直に、今の自分はそれができる精神状態にないと打ち明けました。ビジネスプランに関する質問は、すべて義理の兄が答えてくれました。しかし食べ物のこととなると、私の出番です。〈ラ・コシーナ〉の人々は私の料理に興味を持ってくれ、10人くらいのスタッフが試食しました。そのとき最初に出した私のモモを、気に入ってくれたのです。後で、〈ラ・コシーナ〉へ

の参加を受けつけるという電話をもらいました。ものすごく幸運だと思いませんか？　起業を助けてくれる場所を探していたら、すんなり見つかったんですから。

〈ラ・コシーナ〉は私と息子にとって、第二のわが家となりました。惜しみなく援助してくれたスタッフの方々には、感謝の言葉もありません。私は料理の腕には自信がありましたが、自分の能力を高め、磨く方法を私に教えてくれたのは、〈ラ・コシーナ〉です。ある日突然、安心できる場所──本当の自分になれる避難所が、私の目の前に現れたのでした。

　私が作るのは心が安らぐ料理ですが、重たくはありません。健康的で、衛生的です。お客さまは、私のベジタリアン・モモは最高だと言ってくださいます。ネパールでは、モモはベジタリアン料理であるのがふつうです。日常的に肉を食べる習慣がなく、特別なごちそうのときだけ食べるものですから。ネパール料理はよくインド料理と混同されますが、使うスパイスがまったく違います。私はスパイスの材料をネパールから仕入れ、ここで乾燥させ、すりつぶして使っています。義理の兄が遠隔地の村に電力を供給する太陽光エネルギーの会社を立ち上げ、たびたびネパールへ行くので、ついでに特別なスパイスを持ってきてもらっているんです。スパイスは輸入が難しいのです。きちんとラベルを貼り、税関で中身を詳しく説明しなければなりませんから。

　幼い子どもたちにも、私の料理は大好評です。姉の保育所では、本当に小さな子どもたちが、ひとり25個のモモをぺろりと平らげてしまいます。私が訪ねていくと、みんなで声をそろえて「モモ！　モモ！」と叫ぶんです。保護者の中には、私のお客さまになってくださった方もいます。

　〈ラ・コシーナ〉のプログラムに参加して、今年で5年になります。いつかは自立しなければならないので、今、ある大きな計画が進行中です。私はホームパーティーからフォーマルなウェディングまで、いろんなパーティーで出張サービスを行っています。今では週に2万8,000個のモモを作り、450キロの米と、450キロの鶏肉を調理しています。毎週土曜日には、サウサリートとフェリービルディングで開かれるファーマーズマーケットに出店しています。フォートメイソンセンターで開催されるオフ・ザ・グリッド（フードトラックや屋台が集まる屋外マーケット）にも出店します。地下鉄のモンゴメリー駅のそばで、小さな食堂も経営しています。音楽フェスティバルにも出店したいし、もっとファーマーズマーケットに出店したいですね。ゆくゆくは、お客さまが座って食事できるような店がほしいと思っています。テーブルがいくつかあって、その前に小さなキッチンがあるような店。私がモモを作っている様子をお客さまが見られるような、気取らない店にしたいですね。でも一番大きな目標は、アメリカ中に小さなフードスタンドを

何百も作ることです。私のモモを、あらゆる土地に届けたいんです。

　料理を作るときは、自分の心にあるものが、従業員や、料理や、食べる人に伝わっていくと思っています。お客さまが一口食べてにっこりするのを見ると、とても幸せな気持ちになります。それは、愛情の反応です。私の料理は、魂の料理です。私は心を込めて料理を作り、食べた人の心が豊かになることを願っています。このことを念頭に置くのは、料理人にとって重要なことです。例を挙げますね。

　朝、パートナーとけんかして、腹を立てたまま料理を作ったとします。すると、楽しい気持ちで作った料理とは、全然味が違うんです。だから、つねづね従業員に言い聞かせています。「腹が立ったときは、とにかく一息入れて、大声で叫んだり散歩したりして発散してきてね。店で料理をするときは、怒っちゃだめよ」と。

　私は、従業員を12人抱えています。ほとんどは、チベット人かネパール人です。大変な責任ですが、ありがたいことだと思っています。彼女たちのためにも、あらゆることに目を配り、自分自身を安定させなければなりません。自分の状態が安定すれば、他の人の面倒をもっと心を配って見ることができます。サンフランシスコ市が従業員の最低賃金を引き上げたのは、いいことだと思っています。もちろん、事業主にとっては楽ではありませんが、みんな一生懸命働いているのですから、努力に見合うだけの報酬を受け取るべきなのです。私の従業員は、最高です。私が彼女らの力になり、彼女らは私の力になってくれています。

　自分が教育を受けたことや、アメリカに来る前から英語を話せたことについても、ありがたいと思っています。これからは自分が、必要な技術や援助を持たない移民たちを励ましたいと思っています。

　料理人としての成功の他に、私が取り組んでいるもうひとつの大きな目標は、ドメスティック・バイオレンスを経験した女性たちに手をさしのべることです。私の店で働く女性たちの中にも虐待を受けた人がいますが、こうした女性たちを救う受け皿を見つける必要があります。そのために毎日少しずつ貯金して、いつかは私と同じ経験に苦しんだ女性たちを支えることができればと考えています。

　自分が受けた虐待を振り返ってみると、身体的虐待はまだ乗り越えやすいように思います。しかし精神的虐待は、克服が本当に困難です。ようやく自分の居場所を見つけつつあったとき、私は声をあげなければならないと気づきました。同じような境遇にいて、自分の経験を告白することを死ぬほど恐れている人々がいます。そのような人たちが、私に連絡してくれるといいと思います。女性たち、特に移民の女性たちは、じゅうぶん自己主張をしていません。それは、恐怖のせいです。恐怖とはとても奇妙なもので、人の心を不安定にします。凍りついたように、動けなくなってしまうのです。

　現在私の下で働いている従業員は全員移民ですが、彼女らは政府の新し

い方針をひどく恐れています。政治は、私のビジネスにも影響を及ぼしています。人々は以前よりお金を使わなくなりました。移民でないお客さまたちさえ、お金を使うことを怖がっています。以前は週に4日も5日もレストランに昼食を食べに行っていたのに、今では週に一度に減っています。あの新大統領の政治体制は、私たちみんなに打撃を与えています。

　私のベッドの隣にある小さな祭壇には、ガネーシャとラクシュミーが祀られています。毎朝、私は祭壇の前で瞑想します。そうすると、一日の活力が湧いてくるんです。そして、両親や、ビジネスや、愛する人や、従業員たちのために祈り、ひとりに1本ずつろうそくに火を灯します。私の目の前にいる、尊い存在に語りかけます。自分の直感に従うとき、まるで天使たちに見守られているような気持ちになります。

　元夫と別れて、2年半になります。今は、あの男を許そうと努力しているところです。元夫のためでなく、自分と息子のために。自分の魂のために、そして息子のために、毎週セラピーに通っています。息子はすばらしい子ですし、私もすばらしい母親でありたいと思います。毎晩帰宅すると、息子は私が車を止めるのを見ています。どんなに疲れていても、息子が窓辺で「ママ、ママ！」と叫ぶのを見ると、とろけそうに幸せな気持ちになります。

　この7月に、息子は9歳になります。私は今、息子に魚をとってきてやるのではなく、魚のとり方を教えることができる立場にあります。私が人々の役に立ちたいと思うのは、自分が息子の手本になりたいからでもあるのです。息子には、女性を敬うことを教えようとしています。子どもがいると、正しいことをしたいと思うようになります。私が一生懸命に働くのは、息子の模範になりたいからなのです。

　自分の人生は、意味のあるよい人生だと思います。自分はある目的を達成するために存在するのだと感じています。働けなくなる日まで、この仕事を続けるつもりです。どんな出来事にも、起こるだけの理由があるのだということがわかってきました。結婚したとき、神は私に夫を支え、成功させる役割を与えたのです。元夫は、私の助けを必要としていました。彼は今では看護師になっていますが、それを自分の手柄にするつもりはありません。私が言いたいのは、私が彼といっしょにいたのにもちゃんと使命があったということだけです。

　夫を助けるという使命の後、この新たな使命が現れました。この使命のために、私は人々を助けています。そしてもし自分のコミュニティーの力になりたいなら、みんなに私という人間を理解してもらえるように、正直にならなければなりません。私は虐待について語ることを恐れません。そうすることで、おそらく他の人々が救われるからです。たとえば、私がこうしてお話ししていることは、

どこかで発表されるのでしょう？　それを読んだ人は、こう思うでしょう。「この人は移民で、虐待を乗り越え、成功して、人々を助けている」と。

ヒーナ・パテル
聞き手：アラリン・ボーモント

　子どものころは、ムンバイと、親戚たちが住むインド西部の街アーメダバードを行き来して育ちました。アーメダバードは、グジャラート州というかなり大きな州にあり、そこに住む人々の大多数は、宗教上の理由からベジタリアンです。今にして思えば、私が成長期に食べていた料理は、完全にヴィーガン料理でした。

　月曜日から土曜日まで、母は1日2回、料理を作りました。午前中に正餐である昼食の準備をし、夜は軽めの食事を用意するのです。いつも家で食べていたのは、お米と、ロティと、ピクルスと、2種類の野菜——青野菜と、タンパク源である豆類でした。

　祖母と母は、いつも屋外で料理をしていました。母たちが盛大に火をたいて料理する様子は、家の中からも見えたものです。ふだん畑で仕事をしている祖父が帰ってくるのは12時か1時で、そのころにはすべての料理が出来上がっており、祖父はすぐに座って食事ができました。母たちの料理はすべて、家の畑で取れた野菜で作られていました。祖母は、もぎたてのマンゴーをその場で手でつぶし、マンゴーチャツネを作っていました。

　祖母はタマネギを調理する際、けっしてナイフを使いませんでした。手で汁を絞るのですが、それがとてもおいしかった。ナイフで切ると、あの味は出せません。私もなるべく同じように料理しようと努めています。ターメリックと塩、トウガラシ、コリアンダーしか使わず、ガラムマサラなど使わなかった祖母のシンプルな料理が、とてもおいしかったからです。こうしたことを思い出しながら、祖母の味を再現しようとしているんです。

　うちは大家族で、いつも食べ物に囲まれていました。インドでは結婚式はとても重要な大行事で、お祝いの宴会が4日も5日も続きます。外にテントを建て、2、3日がかりで料理を作ります。400人から500人分もの料理を用意しなければならないので、徹夜で料理しなければなりません。でも、そんなに大勢の人の料理を作るのも、母たちにとっては簡単なことのように見えました。大きなお鍋で大量の料理が作られていく様子を、私は興味津々で見つめていたものです。

　はじめて自分で料理したときは、惨憺たる結果に終わりました。夕食に、ジャガイモのサブジ——よくチャパティに添えて出される、汁気のないジャガイモの炒め煮——を作るように頼まれたのですが、そのサブジすら満足に作れなかっ

たんです。ジャガイモが焦げないように、あらかじめ水に浸けておくのを忘れた上に、すべての材料をいっぺんに入れたので、油がそこら中に飛び散りました。母には、「もういい、あんたはもう何もしないで」と言われてしまいました。それが私の最初の料理体験です。姉妹が４人もいたので、ひとりずつ時間をかけて教育する暇が、母にはありませんでした。私たちに料理を教える代わりに、こう言ったものです──「私がやるわ、その方が早いから」。

　ムンバイにいるときは、郊外の小さなアパートに家族全員で暮らしていました。快適とはいえませんでしたが、人口が過密で大勢の人が住んでいる分、とても刺激的でした。

　ムンバイは、サンフランシスコとよく似ています。サンフランシスコよりさらに大きな街で、さまざまな地方の食べ物があります。おかげで、私の視野は広がりました。上の階に住む女性と親しくなり──私たちは「カキ（おばさん）」と

呼んでいました——15歳か16歳のころはよく遊びに行っては、おばさんが料理するのを見ていたものです。おばさんの料理は、母の料理とはまるで違っていました。おばさんがよく作っていたある料理を、私はこの街で再現しようとしているんです。それはパトリという料理で、タマレスと似ています。おばさんは、米粉とココナッツにショウガとトウガラシを加えた生地を2枚の葉ではさんで蒸し、ピーナッツオイルを添えて出してくれました。ヴィーガン料理で、とてもおいしいんです。今度帰国したときに、おばさんに作ってもらうのが楽しみです。おばさんももうだいぶ高齢ですが、うちの両親とは今でも連絡を取り合っています。

　ムンバイのアパートは、グジャラート州の家に比べると、とても狭いところでした。グジャラート州には大きな家や農園がありますが、ムンバイでは、中流階級に属する私たちも、寝室が2部屋しかないアパートに住んでいました。家財道具はすべて、家族共同で使います。アパートの住人は誰も玄関のドアを閉めないので、どこの家でなんの料理を作っているのか、匂いでわかりました。隣には、ジャイナ教徒の一家が住んでいました。ベジタリアンなのですが、宗教上の理由からジャガイモを食べません。カークラというパリッとした薄い小麦粉のクラッカーを作り、ほんの少しスパイスをつけて食べるのです。その一家はカークラを、朝食と夕食に食べていました。私たちが遊びに行くと、山のように作ってくれます。お隣は4人の女性と、たくさんの子どもたちが住んでいました。私は娘のひとりと仲良くなり、よくお隣にお邪魔しては、カークラをいただいていました。

　20歳になったとき、父に「進学したいか？」とたずねられました。したくないと答えると、「じゃあ、結婚するんだな」と言われました。私は、わかったと返事をしました——疑問にすら思わなかったんです。そこで、学校を卒業するとすぐに、結婚することになりました。

　私は、ロンドンで結婚しました。父方のおばがロンドンにおり、私の姉もロンドンに住んでいました。姉は、ロンドン在住のインド人男性と結婚していました。国を離れる前、父はあらかじめ何人かの男性とのお見合いを準備してくれました。夫は、5人目の相手です。いろんな男性に会って、結婚を断るのは、なかなか楽しいものでした。おもしろい経験をしたと思います。

　夫と私は、お見合いから2週間後に婚約しました。11月にロンドンへ引っ越し、12月に正式に婚約した後、私は1年間インドに帰りました。翌年の12月にロンドンへ戻ったとき、私たちはヒンドゥー式の結婚式を挙げました。

　私は英語が話せませんでした。でも、ロンドンで暮らしていても、家族とはグジャラート語で話していたので、不自由はありません。夫の家族と同居していたので、英語を話せなくてもやっていけたのです。ロンドンには、友だちもいませんでした。だって、言葉が話せなければ、友だちなんてできないでしょう？

そういう意味では、私は孤独でした。

ロンドンでは、5年間暮らしました。働き始めたのですが、すぐに妊娠し、1年もしないうちに子どもが生まれたので、姑といっしょに家にいることになりました。私は、料理を姑から教わったのです。姑はインドで結婚した後、ウガンダの首都カンパラに移り住みました。姑は、私がインドで使ったことのない野菜を、たくさん教えてくれました。

夫の家族は、ロンドンに移住する前は、15年間アフリカに住んでいました。人々はどこかに移住するたびに、ある程度その土地に適応するものだと思います。適応せざるを得ないのです。幼いころから慣れ親しんだ料理を新しい土地で作ろうとしても、同じ材料はないことがあります。だとすれば、材料を変えざるを得ないのです。姑は、アフリカで手に入る食材を使って、子どものころにムンバイで食べていた料理を作ろうとしました。

姑は野菜サブジを作るとき、プランテン（料理用バナナ）やピーナッツやココナッツを好んで使いますが、母は大量のトウガラシを使うのが好きです。夫の家族はスパイシーな味を好みませんが、母は大好きなのです。最初は2、3種類のトウガラシを入れるだけですが、どんどん増やしていくんです——食べた人が辛いというと、喜ぶんですよ。

私は姑から、しんぼう強くていねいに料理することを教わり、母からは、味つけを教わりました。私が作る料理のほとんどは、記憶の中の母と姑の味がもとになっています。身近にある異なる材料で、同じ味を出せるように工夫しています。たとえば、私はよくキノコを使います。キノコには穴がたくさん開いていて、味がよく染み込むので、大好きなんです。でも、母はけっしてキノコを使いませんでした。インドでは、キノコは側溝の近くに生え、貧民街を連想させるので、あまり食べません。母は、キノコなど食べるものではないと考えていました。工夫次第でおいしく食べられるということを、理解できないのです。

〈ラソイ〉という私のレストランの名前は、台所や料理の仕方を意味します。私の料理の仕方は、自分が見てきた母親たちの料理に影響を受けています。でも、母たちと同じように料理しても、異なる味になることはわかっています。どんなにまねをしたところで、私たちの料理の仕方は少しずつ違っていますし、同じ材料を使っても、分量が少しずつ異なりますから。

私たちは、1992年に就労ビザでアメリカにやってきました。ロンドンが好きになれなかったのです。ロンドンや結婚生活や妊娠や子育てに適応しようと努力しましたが、何もかもがいっぺんに起こったので、適応するだけで精いっぱいでした。街を楽しんだり、のんびりしたりする余裕はありませんでした。

私たちは、若すぎたのです。夫は自分の仕事や、家族と同居していること

が不満でした。でも、ロンドンでは若い夫婦が独立して居を構えることは不可能でした。アメリカにわたり、可能性を試してみることに、私は賛成しました。

　サンフランシスコ北部のサウサリートに住んでいた私の義兄が、「とりあえずこっちに来てみたらいいよ。気に入ったら、移住の手伝いをしよう」と言ってくれました。そこで、義兄の言葉に甘えて、運試しをしてみることにしたのです。先行きは見えませんでしたが、就労ビザが切れるまで、2年間は考える時間がありました。当時は、事業を始めたいと言えば、2年間のビザが与えられたのです。ビザの期限が切れる前に、ちゃんとビジネスをしていることが証明できればいいのでした。

　カリフォルニアに住み始めて、私の料理はより実験的なものになりました。子どもたちが、学校で見聞きしたことを私に教えてくれるからです。しょっちゅうラザニアやパスタを食べたがるので、そういう料理を作ったり、さまざまな国の料理を学んだりすることに興味を持つようになりました。私が作るラザニアは、イタリアのチーズの代わりにパニールを使います。そのパニールは、自分で手作りしたものです。インドの味を生かして、さまざまな国の料理を作ろうとしていました。

　娘には、よくこう言われました。「ママが作ると、タコスもインド料理の味がする」って。

　私はいつも、もっと多くのことを知りたいと思っています。自分では魚を食べないので、魚を料理する方法を知る必要はないのですが、そうした技術を知り、自分の料理に生かしたいと思っています。バーベキューについても知りたいです。この土地にはさまざまな料理があるので、多くの技術に触れることができます。この街に来る前は、中国料理やタイ料理を食べたことがありませんでした。とてもスパイシーでおいしくて、複雑な味がして、しかもインド料理とはまったく異なっているので、これらの料理を食べることができて幸せです。タイ料理は、一番のお気に入りになりました。

　アメリカに着いた当初は、ロンドンにいたころよりインドの食材が手に入りにくくて、バークレーまで行かなければ買えませんでした。バークレーに行ってインド料理を食べ、〈ヴィックズチャート〉に寄るのが、私にとっての一大イベントでした。〈ヴィックズチャート〉では、店の奥でムンバイの屋台の食べ物を売っているのです。子どものころに食べていたものと味が近く、なんだかんだと理由をつけては、毎週末通っていました。しょっちゅう「買い物に行きましょうよ」と夫を誘い、「何も買うものはないよ」と言われても、結局行っていましたね。

　〈ヴィックズチャート〉で食べていると、ムンバイに帰ったような気がしたものです。当時、店にはほんの少ししか席がなくて、テーブルが空くまで待たなければなりませんでした。食べている人の後ろに立って、食べ終わるのを待つのです。

インドでは当たり前のことです。

　また、サンラファエルのファーマーズマーケットにも行きました。とても大きくて広々としていて、すばらしいところです。母を連れていったとき、「まるでムンバイみたい。故郷に帰ったみたいね」と言っていました。ムンバイでは、私たちはよく市場に出かけて、農家の人たちから直接野菜を買っていましたから。サンラファエルでは、私たちは菓子パンを買い、娘を乗せたカートを押して歩きながら、市場の雰囲気を楽しみました。私がインド人だとわかると、農家の人たちは「メティはいらんかね？　フェヌグリークのことだよ」と声をかけてきました。農家の人びとも、インド人が何を買うかちゃんと知っていたのです。そんなふうに声をかけてもらうと、ちょっとうれしくなったものです。

　私たちはそれぞれ異なるものを食べていて、それが自分という人間を他と異なる存在にしています。でも、私にとって、それは人々とつながる方法でもあるのです。自分が生み出した味と、自分が使う材料とで、人々に語りかけることができるからです。私の料理の味が濃くてスパイシーだとしたら、それは私がそういう人間だから。スパイスが効きすぎだと言われたとしても、味つけを変えるつもりはありません。私は、食べ物に関する自分の記憶を大切にしたいのです。

　夫と私は、マリン郡のサンラファエルで、酒販店と生花店を開きました。夫が酒販店を経営し、私は生花店のほうを担当しました。

　2000年に、うちの酒販店の隣でサンドイッチを販売していたソーセージ店を通じて、グリーンカードと就労資格証明書を取得しました。そのソーセージ店は、2軒目のレストランをオープンしたとき、夜間のマネージャーを探していたのです。オーナーが「ヒーナ、忙しいだろうけど、あんたはほんとにいい人だし、引き受けてもらえないだろうか」と言うので、私はいいですよと言って、生花店をたたみました。その仕事で私はレストランについて多くのことを学び、レストランの経営には何をすべきか、どれだけの資金が必要になるか、知ることができました。そのお店で働くことで、レストランの経営を実地に知ることができたのです。これが、私のレストランを開くという夢への第一歩でした。

　つまり、こういうことです。うちは酒販店でしたが、私はお酒をまったく飲みません。ソーセージ店で働いていましたが、私は肉を食べません。特に愛着のない商品に囲まれているうちに、好きなことを仕事にするのはどんな気持ちなのか、知りたくてたまらなくなったのです。これまでの人生は、こうしろと言われたことに従ってばかりで、自分からこうしたいと思ったことがなかったような気がしました。料理に興味がありましたが、とにかく時間がありませんでした。料理をするには、時間も余裕も必要です。ソーセージ店を辞め、酒販店も手放した

後でよくよく考えた結果、「やっぱり自分のレストランを開きたい。もういい歳だし、今挑戦しなかったら、きっと後悔する」という結論に達したのです。
　娘の友人がビジネススクールに入ったので、私はビジネスプランの立て方をたずねてみました。すると、〈ラ・コシーナ〉というNPOのプログラムに参加することを勧められたのです。移民女性の起業を支援するという〈ラ・コシーナ〉の活動を、私はとても気に入りました。まるで、私に直接語りかけてくれているような感じがしたのです。
　娘の友人は、「おばさん、審査に合格しなくてもがっかりしちゃだめよ。すごく競争率が高いんだから」と言っていました。説明会に、私は自分の料理を持参しました。5、6種類のさまざまな得意料理——ヴァラ・パオやパオ・バジなど、ムンバイの屋台で売られているおいしいスナックです。どれだけ試食品が必要かわからなかったので、たくさん用意していくと、喜んで食べてもらえました。希望者は60人から70人ほどいましたが、選ばれたのは確か、4人だったと思います。

　〈ラ・コシーナ〉のプログラムを始めた当初は、自分はなんでもわかっているし、何もかも準備できていると思っていました。しかし、数年間このビジネスを経験してみて、自分が作りたい料理が必ずしも利益を生まないことに気づきました。私は、単純すぎる料理は作りたくありません。なんでこんな簡単な料理をわざわざ外で食べたがるのか、理解できないのです。また、ありふれた料理も作りたいとは思いません。それでも、メニューを変更して鶏肉料理を学ばねばなりませんでした。鶏肉料理が、一番人気があるからです。
　今では、肉料理も提供しています。なぜなら、それがいい商売になるから——単純なことです。でも、いまだに葛藤はあります。いつか自立して自分の店をオープンしたら、肉料理は出さないかもしれません。すべてベジタリアン料理の、ヴィーガンのお店にするかもしれませんね。肉を食べるのが悪いことだとは思いませんし、自分はおいしい肉料理が作れると自負していますから、肉料理を出してもいいのですが。夫は肉を食べます。どんなときも喜んで実験台になって、建設的な意見を言ってくれます。夫は、私の料理の一番のファンなのです。
　家族全員が、事業に協力してくれています。全員の力が必要なのです。子どもたちは、eメールやマーケティングやインスタグラムやツイッターを引き受けてくれます。私はどうも、そういうものに疎いので。私が文法を間違えることがあるので、子どもたちがインスタグラムを見て、キャプションを直してくれます。
　この事業のおかげで私は強くなり、自信が出てきました。人とは異なる存在でありたい、自分の意見を主張したい、と思っています。移民だからといって、インド出身だからといって、悪い人間であることにはならないと証明したいので

す。大勢の姉妹たちとインドで暮らしていたころから、自分に自信を持ったことがなかったような気がします。これまでずっと、従順であれと言われ続けてきました。自己主張することを、禁じられてきたのです。

　生花店を営んでいたころ、ある電話を受けました。そのときはまだ、アメリカの電話番号の書き方がわからなかったんです。イギリスとはやり方が違いましたから。先方はひどく腹を立て、私をどなりつけました。

「電話番号の書き方もわからないくせに商売を始めるなんて、どういうつもりだ？　さっさと国に帰れ！」

　今思えば、こちらから電話をたたき切ってやればよかったのですが、そのときはとてもショックでした。アメリカよりロンドンの方が人種差別は激しいのですが、祖国を離れた以上、そんな目にあうのは仕方がないことだと思っていました。ロンドンでは、私はまだとても若かったんです。年をとるにつれ、自分は何も悪くないことがわかってくるので、戦おうとするようになります。このような人種差別を目の当たりにして、私は強くなりました。

　強くなれば、自信がついてくると思います。そしてもちろん、教育は力になります。自分の子どもたちには、よい人間になってほしいと思います。そして、心配もしています。息子は髭を生やしているので、アメリカ国籍を持っているにしても、とても心配です。無知な人々は、息子をイスラム教徒と間違えます。外見が似ているから、同じ種類の人間だと勘違いしている人々です。だから、息子が学校に行くときはいつも心配なのです。でも、息子には自分らしく生きてほしいとも思っています。息子は、誇り高いインド人の男の子ですから。だから、髭をそりなさいとはけっして言いません。子どもたちには、本当の自分を知っていてほしいし、他の人々を人間として扱ってほしい。自分らしく生きることは、とても重要なことだと思うのです。本当の自分を知っていれば、子どもたちが人種差別にあったときに、きちんと戦えるでしょうから。

　私の料理は、よその土地に移り住んできた私という人間を物語っています。異なる食べ物を食べることは人を豊かにしてくれると、私は信じています。同じようなものばかりを食べるより、ずっとおもしろいですよ。自分が慣れ親しんだ食べ物ばかりを注文する人がいると、ちょっと腹が立ちますね。そんな人たちには、私の知っている料理を見せたくなります。トマトやカリフラワー、サヤインゲンなどのありあわせの野菜で作った、スパイシーな赤いマッシュポテトのようなパオ・バジや、柔らかいロールパンを添えたチャートマサラなどは、ムンバイで私が食べて育った大好物です。私がそれを食べたときに感じた喜びを、みんなに味わってほしいんです。新しい食べ物を紹介するのは、なかなか難しいことですが。

　私はこれを、ひとつの挑戦だと思うことにしています。私は毎週土曜日にフェ

リービルディングで開かれるファーマーズマーケットで、このパオ・バジに卵を添えて、ブランチとして提供しています。アメリカ人にも、そういう食べ方ならわかりやすいようです。「なるほど、サンドイッチみたいにして食べればいいんだね」って。まずは食べてみてほしいので、食べ方についてはこだわりません。だから、彼らがよく知っていて、理解できるものに置き換えていこうと思っています。

　今ではインドに帰ると、よそ者のような気分になってしまいます。親類縁者に頼らずにサンフランシスコで暮らしてきたことが、私を大きく変えたのだと思います。今ではサンフランシスコにいるのは、私たちだけになりました。そのことが、私たち夫婦の絆をいっそう強くしてくれたと思います。また、コミュニティーとのつながりも強くなりました。〈ラ・コシーナ〉や、グリーンカード取得を助けてくれたソーセージ店のような、近所の人々です。みんな、今では両親と同じくらい、大切な家族になりました。もう長いお付き合いになりますね。

　サンラファエルで事業を始めて以来、16年間もインドには帰りませんでした。てっきり、子どもたちはインドに連れていかれるのを嫌がるだろうと思っていたんです。まったく知らない場所だし、お風呂やトイレの使い方も違いますからね。でも、あの子たちはすぐにインドの暮らしになじんだので、いらない心配でした。息子は8歳でしたが、「ママ、もしインドに帰りたいなら、ぼくはインドに住んでもいいよ」と言ってくれたのです。

　来月もまた、インドに帰るつもりです。年をとった両親が、体が弱って心細いと言うので、なるべくそばにいてやりたいのです。帰ったら、いろいろな料理を食べるのが楽しみです。経験から学ぶのが得意ですし、今やインド料理も変わりつつありますから。キウイやブロッコリーなど、私が子どものころにはなかった作物も手に入ります。世界はだんだん狭くなっています。昨今ではYouTubeとか、ムンバイやインドの料理番組などを見ると、メキシコ料理の話題一色になっています。インドの人たちは今、メキシコ料理や中国料理を作ることに夢中になっていますが、私は今も、インド料理を作る方がずっとわくわくします。

イサベル・カウディーリョ
聞き手：パオラ・ベルガラ

　私は2001年に、夫と3人の子どもとともに、家族のためによりよい未来を求めてアメリカに移住しました。それまではメキシコシティのラモス・ミジャン界隈に暮らしていて、夫はタクシーの運転手をし、私は家にいて子どもたちの面倒をみていました。私たちはまずカリフォルニア州北部のサンタローザに行き、サ

ンフランシスコに引っ越すまで3か月ばかり、夫の姪の家に身を寄せていました。

　引っ越した当時は、家賃がとても高いと感じました。夫はカフェテリアの仕事を見つけ、私はベビーシッターになりました。1年間、私は5人の子どもたちの世話をしました。

　ラモス・ミジャンから友人たちが訪ねてくるたびに、私は料理を作り、うちに招待しました。ある日、友人たちに「夫の力になりたいわ──私も働きたいの」とこぼすと、「料理を作って売ったらどう？」と勧められたのです。

　2005年に、私は自宅で料理の提供を始めました。食堂に大きなテーブルを置いてお客さんに座ってもらい、料理を出したのです。メキシコにいたころの知り合いや、アメリカでできた友人たちが、口コミで宣伝してくれました。私はお米の料理や、柔らかいパスタ入りのスープ、ギサード（サルサで煮込んだ肉）、トルティーヤ、アグアフレスカ（果物と砂糖と水で作る冷たい飲み物）を作り、全部で7ドルで提供しました。そんなふうにして、私はテンダーロイン地区の自宅アパートで事業を始めたのです。

　許可なく自宅で食べ物を販売すると罰金を科せられると言われ、違法な商売をしていることに不安を覚えていましたが、自分にできることと言えば、それしかなかったのです。現在の家に引っ越した後も、私は自宅で料理を提供し続けました。前のアパートに来てくれていたお客さんはみんな、新しいアパートまで食べに来てくれました。平日はギサードを売り、土曜日と日曜日は前菜を売りました。ケサディーヤ（トウモロコシのトルティーヤにチーズを包んで焼いたもの）、ゴルディタス（小麦粉の生地で肉やチーズ、ジャガイモなどを包んだもの）、パンバソス（サルサに浸したパンにジャガイモやチョリソーをはさんだもの）、ミガス（細かくちぎったパンを野菜や肉と炒めたもの）、スープなどです。週末に来るお客さんが増え、子どもたちや姪っ子たちが手伝ってくれるようになりました。子どもたちが料理を運び、夫はチーズとクリームを並べ、私はケサディーヤやゴルディタスやタコスを焼き、スープをよそいます。末の息子は、よく姪っ子たちとけんかをしました。「ママ、お客さんたちは女の子にチップをくれるけど、あの子たちに料理のお皿をわたすのはぼくなんだよ」と言うのです。お客さんがくれる3ドルから5ドルのチップは、子どもたちにとっては大金でした。

　2007年に、私はフードビジネスを始める女性たちを支援するNPO団体〈ラ・コシーナ〉のプログラムに参加しました。友人のベロニカが2005年にプログラムに参加し、マリン郡で〈エル・ワラーチ・ロコ〉というレストランを開業した当時、私はベロニカの幼い息子の面倒を見ていたので、ベロニカは私にもプログラムに参加するよう勧めてくれたのです。

　〈ラ・コシーナ〉で料理を始めるまでに、7か月もかかりました。それという

のも、レシピをきちんと書き出し、お米やトマトや水や、あらゆる食材を計量しなければならなかったからです。私はいつもそういうことは適当で、やりたいようにやっていました。レシピはすべて、頭の中に入っていましたから。ティンガ（鶏肉のサルサ煮込み）やモーレ（チョコレートを使ったソース）を作ろうと思ったら、何をどれだけ入れるかちゃんとわかっています。だって、毎日作っているんですから。私のモーレのレシピは、母から教わりました。特別な機会には、母と姉たちがとっておきのごちそうを作ったものです。私の母のとっておきは、赤いモーレをかけたチキンとライスでした。

〈ラ・コシーナ〉は、私をさまざまなレストランに行かせ、価格や、店によって料理の提供の仕方が違うことや、料理にどんな工夫を施しているかを調べさせました。また、私たちをさまざまなレストランに連れていって、それぞれの店の特色を教えてくれました。英語がしゃべれない私を支え、励ましてもくれました。英語がしゃべれなくても、料理さえできれば問題ないと言ってくれたのです。

子どもたちが助けてくれましたが、英語は私にとって大きな壁でした。今でも、英語は私の人生において最も大きなハードルのひとつです。お客さんたちとコミュニケーションをとることが難しいのです。ときどき、いろいろなことを自分ひとりでやれたらと思うことがあるのですが、言葉の壁があるためにできません。ぜひ英語を身につけたいと思いますが、英語の勉強のために割く時間がないのです。息子たちや嫁や姪っ子たちが通訳をしてくれるおかげで、取引先や業者さんたちとビジネスができているのです。

2007年に、小さなイベントや、ノイバレーで開かれるファーマーズマーケットで食べ物を売り始めました。チラキレス（トウモロコシのトルティーヤを切って揚げ、ソースをかけたもの）や、タコスドラドス（トルティーヤで肉などの具を巻き、油で揚げてサルサで和えたもの）、エンチラーダ（トルティーヤに具材を詰め、ソースをかけたもの）、タマレス（トウモロコシの粉を練った生地をトウモロコシの皮に包んで蒸したもの）、ケサディーヤ、ポソレ（ジャイアントコーンを肉や野菜と煮込んだスープ）などです。〈ラ・コシーナ〉のプログラムは、5年から6年に及びます。レストランを開業するためのローンを組んだり、なんらかの資金援助を受けたりできるようになるまで支えてくれるのです。〈ラ・コシーナ〉は、私がレストランを開く店舗を見つけてくれました。まだ自信がないし、だいいち英語が話せないと言ったのですが、スタッフの皆さんは、私ならできると言って励ましてくれました。そしてその店舗を借り、改装し、ウェブサイトを作るなど、何もかも援助してくれたのです。レストランの従業員は皆、子どもたちの友人か、〈ラ・コシーナ〉で知り合った女性たちです。

最初の数か月間は、とてもストレスを感じましたし、不安でした。それまで

は結婚式やパーティーの料理を作っていたのですが、レストランの経営はそれとはまったく違います。店がとても大きい分、プレッシャーもありました。たまに午前中にお客さまがとても少ないときなど、子どもたちは頭を抱えています。「従業員の給料と請求書と家賃さえ払えればいいのよ」と言ってやるんですが、「ああママ、なんで7年もここを借りることにしたんだよ?」と嘆くんです。1年がすぎ、契約はあと6年残っています。残りの6年で、店がどうなるかはわかりません。でも、私たちはとにかく今ここにいるのだから、やるしかない。後のことなんて、考えても仕方がないと思うんです。契約期間がすぎた後、このレストランを続けるかどうか、私にはわかりません。

　ときどき、家賃があまりにも高いことが不安になります。今でさえ、楽ではありません。従業員の給料やその他の経費にたくさんのお金が要りますから。今のところはまあなんとかやっていますが、家賃の足しにするために、私はいまだにイベントで料理を作っています。これ以上は無理だというところまで頑張ってみよう、と自分に言い聞かせています。できれば、契約期間が終了するまでうまくいってくれればいいのですが。後の計画は立てていないんです。最終的に、子どもたちしだいというところもあるので。子どもたちはこれまで、ずいぶん譲歩してくれました。あと何年かのしんぼうだと、言い聞かせているんです。その後で、他にやりたいことがあるならやればいいし、もっといい場所を探したいなら探せばいいし、このレストランを引き継ぎたいならそうすればいいのよ、と。

　〈ラ・コシーナ〉の同期たちのレストランをいろいろ見てきましたが、それぞれがさまざまな経験をしています。「レストランなんて始めなきゃよかった。すごく大変だもの」と言う人もいます。「とにかくやってみて、成功すれば、もうけもの。失敗したとしても、どうってことないわ」と言う人もいます。この言葉には、おおいに励まされました。確かに大変だけど、大変なのはあたりまえ。契約を結んだからには、最後までやり遂げるまでのことです。

　自分に何ができるか、試してみるのはいいことです。レストランに来たお客さまが満足してくださるのを見ると、とてもうれしくなります。お客さまたちがやってきて、料理を注文し、またお店に来てくださる——本当にすばらしいことです。

　ミッション地区のこのあたりには、メキシコ料理店がたくさんあります。私の店の料理がどう違うのかはわかりませんが、私はすべての料理を、愛情込めて作っています。料理しているときに、腹を立てたことはありません。

　開店当初から来てくださるお客さまたちがいます。料理を売り始めて間もないころですから、今から9年くらい前になりますが、あるお客さまの結婚式の料理を作ったことがあります。彼女はいまだに毎週ファーマーズマーケットに来てく

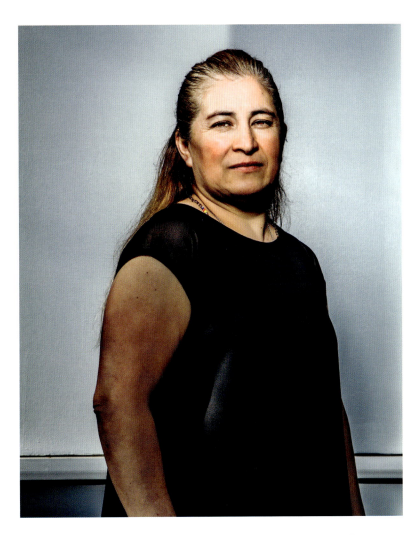

　れますし、ときどきはレストランにも来てくれます。必ず料理の写真を撮るんですよ。その写真で何をしているのかは、知らないのですが。

　朝はとても早くから出勤して、夜10時まで一日中レストランで働いても、帰宅するときは穏やかな気持ちです。息子たちや嫁たちが店に来て、手伝ってくれます。末っ子は午前中に、上の子たちは午後に手伝いに来ます。夫はほぼずっと店にいるので、家族全員がここで顔を合わせることになります。子どもたちには、ここで働くのはみんなのためにいいことだと言っています。だって、店にいれば、少なくともみんないっしょにいられるし、お金も稼げるのですから。

　これが、この国に来てからの私の物語です。私は家を売り、〈ラ・コシーナ〉に参加して、今ではレストランを経営しています。アメリカに来てから、そうやって生きてきたのです。

食べ物は
変化する

トニー・タン
聞き手：レイチェル・コン

　トニー・タンと最初に会ったとき、わたしたちは彼が手ずから腕を
ふるった料理を楽しみながら話した。次々に運ばれてくる料理は、いず
れも趣向を凝らした中豪折衷料理だった。トニーの代名詞である、XO
醬ソースであえたタロイモのニョッキ。地元産カキのチリソース、付け合
わせはダイオウギスの刺身にレモングラス、キンカンのスライスを合わせ
たサラダ。黒酢と自家製のショウガの酢漬けで味つけした緑豆春雨。ショ
ウガと青ネギの鮮やかな緑色のソースを添えた、客家風の塩鶏の丸焼き。
トニーは山盛りの野菜をソテーし、オーストラリアの固有種でさわやか
な酸味が特徴の、カカドゥプラムで味つけする。カニ玉は、中華鍋に流
した卵に絶妙な加減で火を通し、自家製のトウガラシの酢漬けを散らす。
このトウガラシの酢漬けは、マレーシアの屋台で見かけるものに似てい
た。いずれも、中国系マレーシア人には懐かしい味でありながら、細部
まで思慮が行き届き、すべてが新鮮であることに驚かされた。
　翌日から数日間、トニーはメルボルンの行きつけのレストランに案
内してくれた。〈フラワードラム〉は、40年にわたってメルボルンのレスト
ラン業界を牽引してきた、著名な中国料理店だ。サービスも実に行き届
いていて、北京ダックに添えた海鮮醬で、ウェイターが皿に小さなカモ
の絵を描いてくれる。〈エンブラ〉というワインバーでは、フエダイのカル
パッチョに心を奪われた。〈フラワードラム〉では、トニーはスパークリ

ングワインで歓迎され、〈エンブラ〉では、シェフがこっそり自家製パンをサービスしてくれた。メルボルンのレストラン業界では、トニーの情熱と熱意はよく知られており、彼は広く愛されている。

　トニーとわたしの共通点は、ともにマレーシアに移住した中国人家庭に生まれたことだ。そしてマレーシアから、わたしたちはそれぞれの場所へと旅立った。トニーは、海南省出身の両親がカフェを経営していたマレーシアのクアンタンからオーストラリアにわたり、「表向きは大学で勉強していた」。しかし、この地で過ごした「ヒッピー時代の終わり」に、彼の人生はまったく思いがけない転機を迎えることになる。

　トニーのオーストラリアでの物語は、〈シャカハリ〉というベジタリアンレストランで、マクロビオティックを実践するヒッピーたちと出会ったことから始まる。〈シャカハリ〉は、現在もメルボルンで東南アジア風の趣向を加えた料理を提供している。当時トニーは、そのレストランで働く唯一の中国系マレーシア人だった。週末の皿洗いからスタートし、やがて調理も担当するようになったトニーが考案したのが、マレーシア風ココナッツクリームパイだ。そして、トニーは毎週土曜日に料理を作るようになった。

　オーストラリアに来たのは初めてだったから、案内してくれる人もいなかった。こっちでは、何もかもがマレーシアとは違う。だから、何もかも、珍しいことだらけだった。昔の〈シャカハリ〉には、二階に瞑想部屋があったんだよ。金曜日の夜になると、常連客がぞくぞくと集まってきて、みんなで詠唱するんだ。あれには驚いたね。レストランの中に瞑想部屋があるなんて、誰も思わないだろう？　初めてマリファナを勧めてくれたのも、彼らだった。それまでぼくは、マリファナがどんなものかさえ知らなかった。だって中国の文化って、ものすごく伝統に縛られているからね。初めて吸ったときはもう、「うわあ！」って感じだった。

　そんな経験をすることになろうとは、思ってもいなかった。異なる文化に出会い、異なるライフスタイルを知る。瞑想がどういうものかを知る。ぼくは、ベジタリアンになった。そして、マクロビオティックを実践するようになった。つい影響されてしまってね。だって、道行く人の誰もかれもが、かっこよく見えたんだよ。みんなぼくより年上で、いろいろと教えてくれた。「これこれをしちゃダメだ、玄米を食べなさい」って。

　誰でも、自意識過剰になってしまう時期がある。特に、マレーシア生まれの人はね。今でこそ、アジア人はオーストラリアにたくさん住んでいるけど、昔はそんなに多くなかった。そのうえ、当時は人種差別がすごく激しかったんだ。だ

から、この国になじもうとしても、簡単にはいかなかった。見た目が違うし、言葉も違う。だから、玄米を食べたり、レンズ豆を食べたりするようになったんだ。もちろん、玄米ばかりの食生活に慣れるには、時間がかかったよ。

　ぼくにとって、とにかくまったく新しい経験だった。それに、突然ひとりで生きていくことになったわけだから、ものすごく怖くもあった。ぼくがここへ来た目的は勉強であって、やがては故郷に帰るはずだった。穀物とマクロビオティックのタンパク源だけの食生活に慣れるまでに、体重は半分に減ってしまった。味噌は食べてもいいけど、卵やチーズは食べられない。とうとう、これじゃあんまりだってことになって、〈シャカハリ〉のオーナーが、マクロビ料理を出すのをやめたんだよ。で、新たに東南アジア料理を出すことになった。ぼくはマレーシア育ちだから、カレーはなくてはならないものだ。週に一度は食べないと、禁断症状が出るくらいね。

　　　トニーが〈シャカハリ〉で働きはじめて数年後、オーナーがレストランの売却を決めた。トニーは、マレーシア人の同僚2人と共同で、レストランを買い取ることにした。3人は、1万2千ドルで〈シャカハリ〉を購入した。

そういうわけで、やっと20歳になろうというぼくが、レストランのオーナーになった。途方もない冒険を、ぼくらはやってのけたんだ。あのころぼくらがやっていたことは、とても革命的だった。うちの店で出していたのは、ベジタリアン料理だった。マレーシアで身につけた料理を、まったく新しく作り変えたんだ。当然ながら、自分たちでローストしたピーナッツをすりつぶしたりして、ソースから手作りしていた。ベジタリアンの食べ物は、そのままだと本当に、味もそっけもない。おいしくしようと思ったら、いろいろと風味を加えてやらないといけない。ぼくらがしていたことは、まさにそれだった。初めて新聞にレストラン評が載ったときは、本当にうれしかったよ！　そのときを境に、店は人気が出始めた。

　確か、2、3年たったころだったと思うけど、両親にあらたまって言いわたされたんだ。「おまえは勉強していないのだから、これ以上仕送りを続けるわけにはいかない」って。で、ぼくは言ってやった。「大丈夫、ひとりでやっていけるよ。ぼくにはレストランがあるからね」。すると、両親は言った。「なんだって？　だいたい、なんでレストランなんか始めたんだ！　おまえにはふさわしくない。技術者か、医者か、会計士になれ。台所仕事など、断じて許さん！　重労働なんだぞ！」って。

　マレーシアの地元では、父はレストラン王で通っていたんだよ。うちの両親

は昔、住みこみの料理人として働いていた。長いことイギリス人に仕えていたから、トライフルだのスコーンだの、イギリスの料理をよく知っていた。ふたりは植民地時代、第一師団の将校の宿泊所を経営していたんだよ。

　両親は不満だった。ぼくが、アジア人家庭の子どもに求められる役割を果たそうとしなかったから。そしてもちろん、ぼくはテリーのことも打ち明けなかった。

　　　レストランを購入したころ、トニーはテリーというオーストラリア人男性と出会った。テリーは弁護士で、トニーより少し年上だった。ふたりは付き合いはじめた。自分がゲイであることに子どものころから気づいていたかとたずねると、トニーは答えた。「その傾向はあったよ。女の子に興味がなかったからね」。しかし、子どものころはそれを言い表す言葉を知らなかった。オーストラリアで、トニーの人生は変わった。

あのころは、(わあ、この人たち、ゲイなんだ。ゲイって、どんな感じだろう?)って、興味津々だった。そして、自分の性的傾向に気づきはじめたんだ。だって、マレーシアにいたころはずっと、抑圧されていたからね。学校に行って、勉強するだけの生活。女の子の話をしようものなら、みんなに冷やかされる。ともあれ、学業はおざなりになって、セックス中心の生活になった。男性ホルモンに歯止めがきかなくなったんだ。そのころには、ぼくもいっぱしのヒッピーになって、マリファナをふかしていた。一抹の良心の呵責を感じてはいたけれど、自分自身を知ることに忙しかった。

　　　トニーとテリーはシドニーに移り住み、ふたりで〈タトラーズ・カフェ〉というレストランを開く。トニーが料理を作り、テリーが店の経営を担当することになった。

料理人として名が売れ始めたのは、シドニーでのことだった。レストランを開いて3か月か4か月経って、残りの資金が数千ドルになったころ、最初のレストラン評が出た。すると、ぼくたちのレストランは、誰もが行きたいと思うレストランになった。目が回るくらい、忙しかったよ。

　レストランは週に5日、昼も夜も営業していた。5日目の夜には、くたくたで死にそうだった。そして6日目の夜には、自家製パンを仕込み、また忙しい日々が始まる。パスタも自分で打っていたし、野菜やその他の材料は、自分で市場に出かけて仕入れてきた。そんな生活は楽しかったけど、恐ろしくもあったね。

　やがて、テリーとぼくは衝突するようになった。ぼくが、楽をすることを嫌っ

たからだ。つまるところ、手抜きをしないことがぼくの評判を支えていたわけだし、だからこそ成功もできたんだ。でもついに、レストランを売却せざるを得なくなった。ぼくはメルボルンに戻り、テリーはアメリカへわたった。結局、ぼくは〈シャカハリ〉の元パートナーの下で働くことになった。そして、自分の意志で復学を決断した。大学では、歴史を学んだ。

　6か月後、テリーが帰ってきた。よりを戻したとき、テリーはぼくがレストランで働いていることや、大学に戻ったことが不満だった。でも、ぼくは大学に通い続けたし、レストランに出勤し続けた。夜11時に家に帰ると、テリーはもう寝ている。土曜日と日曜日には、テリーのために、一週間分の夕食を準備した。月曜日、火曜日、水曜日って、全部ラベルを貼ってね……愛情のなせる業だろ？愛する人のためなら、なんだってできてしまう。ぼくは、テリーを愛していたからね。

　そんなとき、テレビ局からお呼びがかかったんだ。これがまた、おかしな話でね。彼らは、料理に詳しくて、しかも話上手な人間を探していた。オーディションに呼ばれたときは、てっきり、ドッキリかいたずら電話だと思ったよ。今でもよく覚えている。テリーの小さな書斎に行って、「笑えるんだけどさ、たった今、テレビのオーディションに来いって言われた」って言ったんだ。そしたらテリーが、「ありえないね」って言うから、「だろ？　ぼくだって思ったよ、『ありえない』ってね」って言ったんだよ。

　その〈Food Lover's Guide to Australia（食いしん坊のためのオーストラリア案内）〉という番組は、18回のシリーズで放送され、大好評を博した。おかげでぼくは、再び全国的に注目を浴びることになった。テレビ出演は、ぼくにとってはお遊びの感覚だった。今でも覚えているけど、テリーにこうたずねたよ。「いいのかね、マレーシアの小さな漁村出身のこのぼくが、全国放送のテレビに出ても？」って。

　　　　トニーは番組に出演後、〈トニー・タン・クッキングスクール〉という料理学校を開校する。熱心な生徒たちに、調理技術ばかりでなく、歴史も教えた。実習クラスもあり、実演クラスもあった。やがてトニーは、これこそ自分の天職だと気づく。

すばらしい学校だった。現代オーストラリア料理や、現代中国料理や、あらゆる種類の料理を取り上げたよ。〈アッティカ〉のベン・シューリーをはじめ、大勢の有名シェフがぼくらの招きに応え、料理を作ってくれた。おもしろかったし、本当に楽しかった。公職にある人たちが、意外にものを知らないことがわかって、驚いたよ。できるだけたくさん情報を与えて、その歴史、その文化を基盤として、

学んでいく。料理を学ぶだけでなく、その料理の背景まで、自分のものにできる。それは、本当に有意義なことだと思う。アジアの料理は、ずいぶん誤解されているからね。特に、白人文化、西洋文化の中で暮らしている人々は、アジア料理をよくわかっていない。日本料理以外は、本当に誤解されている。いまだに壁はあるけど、その壁を壊し続けていくしかない。

　2009年、その年に、テリーがぼくのもとを離れていった。ぼくは、どん底にたたき落とされた。あのころは、料理学校の運営すらままならなかったよ。それくらい、落ち込んでいたんだ。ぼくらの関係が終わったとき、テリーと彼の弁護士は、文字どおりすべてを奪っていった。ぼくの料理学校、ぼくの暮らしのすべてを奪ったんだ。

　　　料理学校をたたんだ後も、トニーはメルボルンのレストラン業界で活躍し続けた。オーストラリアとアジアでフードツアーを行い、フードフェスティバルに参加し続けている。そして、食べ物の文化的・歴史的背景を人々に伝えることに、心血を注いでいる。歴史に対する情熱と、教育に対する情熱が、渾然一体となって、トニーを突き動かしているのだ。最近トニーは、香港料理に関する料理本を出版した。また、新たな料理学校を開きたいと語ってくれた。さらに、ささやかではあるが、重要な夢を打ち明けてくれた。

実家では、ずっと鶏を飼っていた。野菜も、自分たちで育てていた。ぼくは、それをやってみたい。本気も本気、大まじめだよ。畑に出て、自分が育てたエンドウ豆や、ブロッコリーを収穫したいんだ。畑に出て、「どうだい、これはみんな、ぼくが育てたクレソンだぞ」って言ってみたい。ぼくはクレソンが大好きなんだ。特に、中国風のスープに入れるとおいしいよね。

　ぼくらの人生は、期待されていたものとは全然違うものになった。それはひとえに、ぼくらが別の国に移り住んだためだ。ときどき、想像してみるんだ。もしぼくの家族がマレーシアに住み続けていたら、もしあの人やこの人に出会っていなければ、ぼくの人生はどんなふうになっていただろうって。ぼくの運命は、全然違うものになっていたかもしれないってね。

　ぼくらが、両親が期待していた道とはまったく別の道を歩んだことについてあらためて考えると、すごいなと思う。もしかしたら、これは運命の星のもとに決まっていたのかもしれない。それとも、これがぼくら自身の個性であり、本来の自分にたどり着くまでの道のりだったのかもしれない。

　ぼくの両親は、信じられないくらい強い絆を築いていた。その絆は、お互

いを理解し合ってきた長い年月の上に築かれたものだ。父と母は、ほとんど一心同体だった。父は亡くなるとき、最後に母の名前を呼んで息を引き取った。人前でも、いつも母と手をつないでいた。家の前に座って、夕涼みをしていた両親の姿を、ぼくはよく覚えている。

　　　あなたもそんなふうになりたい？と聞くと、「もちろんだよ。きみもそうだろう？」とトニーは答えた。そこでわたしも、「もし……」という想像の世界を楽しんでみた。もしトニーやわたしの家族がマレーシアを離れなかったとしたら、わたしたちの夢そのものも変わっていただろうか──その別の夢で、もっと幸せになれていただろうか、それともなれなかっただろうか。

　いろいろ考えてみて、マレーシアに生まれたぼくらは、ある意味とても幸運だったと思う。でも、ぼくらはもはや純粋なマレーシア人ではなく、いくぶんこの国の色に染まっている。アジア人であることで問題にぶつかることもあるけど、それでもぼくらは、アジアに住む人々や単一文化圏出身の人々より、はるかに暮らしやすいと思う。
　ここ10年か15年ほどのことだよ、ぼくが自分という存在を強く意識するようになったのは。ぼくは、今の自分が気に入っている。あるときふと、自分には声をあげる権利があること、この社会に貢献してきたことに気づいたんだ。
　料理人として、ぼくは何をすべきかという自覚がある。アジア系オーストラリア人として、アジア人と白人のあいだに横たわる溝に、橋を懸ける努力をしてきたと自負している。自分は、人種の壁を超えられる、とても幸運なアジア人のひとりだと思っている。
　ぼくは教えることが好きだし、人と交流することが好きだ。ぼくはずっと、発言の機会を与えられてきた。社会や文化に貢献してきたと実感できるのは、すてきな気分だよ。
　たまには、三歩進んで二歩さがる、というときもある。だけど、しかたないじゃないか？　あきらめるか、戦い続けるかしかないんだ。ぼくは、こう思っている。何があろうと、戦い続けるんだってね。

よい素材は
じっとしていない

ジェムレ・ナーリン

　ヒトツブコムギはすべての小麦の母であり、現存する最古の種だ。人類が最初にこの麦を栽培し始めたのは、1万年前のことだ。殻が丈夫で寒さに強く、他の品種が育たない場所でも栽培可能だったからだ。タンパク質が豊富でグルテンが少ないこの麦は、古代のスーパーフードである。
　われわれは今、7月の収穫期を目前に控えたヒトツブコムギ畑の真ん中に立っている。頭の高さに届く麦の穂先が巨大な黄緑色の絨毯のように広がり、見わたす限り穏やかに揺れている。ここはトルコのウルガズ山の麓にある、カスタモヌという魅力的な地方だ。黒海に近いこの地方では、700軒近くの農家がこの古代麦を栽培している。ほとんどは脱穀と乾燥を経て挽き割りにされ、ブルグルという食材に加工されて、香り高いピラフの材料となる。
　ヒトツブコムギから作られるブルグルは、一般的なデュラム小麦のブルグルと違って稀少だが、大都市の市場やレストランでは人気商品となっている。ただし、これはかなり最近の展開だ。15年ほど前までは、われわれトルコ人のほとんどは、ヒトツブコムギという名前すら聞いたこともなかった。原産地であるカスタモヌでも、ヒトツブコムギは基本的に飼料とみなされていたのだ。
　麦の穂にほとんど埋もれてしまっている3人の男たちは、近年のヒトツブコムギの快進撃の立役者と言えるだろう。そのひとりは、ムスタファ・アファカンだ。畑の所有者であり、ヒトツブコムギを世に知らしめることをライフワークとしている農夫だ。ジャーナリストとしても活動しており、長い黒髪の奥に炯々と光る鋭い

タンゴール・タン、アナトリア地方の伝統食材の調査員を務めている。

目とあご髭が印象的だ。ヒッタイトの王を思わせる、毅然とした佇まいである。

　続いては、レストラン〈ミクラ〉の創造的なシェフ、メフメット・ギュルスだ。このフィンランドとスウェーデンとトルコの血をひく47歳のシェフは、90年代にイスタンブールを拠点として以来、トルコ料理界に刺激を与え続けている。中でもおそらく最も注目に値するものは、「ニュー・アナトリアン・キッチン」と銘打った運動を立ち上げたことだろう。

　アナトリアは小アジアとも呼ばれる半島で、北に黒海、東と南に地中海、西にエーゲ海を望む。今日では、主にトルコのアジア部分を構成している。歴史を通じて交通の要衝であったことから、地理的にも文化的にも東洋と西洋との懸け橋となっている。ニュー・アナトリアン・キッチンの背景にある思想は、この地方で生産されている伝統的な食べ物の源流を保持する一方、それらの食べ物を創造的に用いることで、さらに進化させることである。8年前にこの運動が始まって以来、ヒトツブコムギのようなほぼ忘れられていた何百という食材や、アファカンのようなそれらの食材の生産者に光が当てられてきた。ギュルスの後に続いて、大都市の現代的なシェフや料理人たちが、アナトリアの農産物や伝統を積極的に取り入れ始めている。

　〈ミクラ〉では、ギュルスはヒトツブコムギのブルグルを香辛料とともに調理し、アイスクリームに仕立てて、アナトリア東部のマラテヤという町で生産されたアプリコットのコンフィに添えて提供している。木の実のような風味で香りがよく、非常に独創的であると同時に、大麦と挽割り小麦で作るポリッジに似た伝統的なデザートのアシューレを思い起こさせる。

　ギュルスとアファカンの隣に立っているのは〈ミクラ〉専属の調査員の、タンゴール・タンだ。大判のカラフルなスカーフを首に巻き、満面の笑みを浮かべている。このタンこそ、ギュルスとアファカンを結びつけた人物だ。タンは〈ミクラ〉のためにアナトリア中を駆け回り、珍しい農作物を探し、忘れられかけた伝統を追い求めている。過去8年間、タンはトルコ全土と近隣諸国を、愛車のシルバーのルノーで走り回っている。年間6万5千キロを走行し、250日間を移動しながら過ごして、アナトリアの小村を訪れているのだ。この42歳の調査員は、アナトリアの農作物と文化に関して、ずば抜けた知識を蓄えている。東の国境沿いでカルス・カシャールというチーズを探すときや、エーゲ海を望む丘の頂上に野草採集に行くとき、または地元の市場で最も香りの強いコショウを探すときに、実に頼りになる男だ。

　トルコのレストランが――あるいは世界中のどこのレストランでも、このような専属の調査員を抱えているのは、とても贅沢なことだ。しかし、トルコのように複雑で多様な国においては、時流に取り残されないためには、タンのような

ヒトツブコムギ

人物を派遣して情報収集するしかないのだ。
　トルコは特に広い国ではないが、生物多様性は小さな大陸に匹敵する。3つの海に囲まれ、海岸地帯、森林、山脈、河川、湿地帯があり、すばらしく豊富な資源に恵まれている。アナトリアにはシベリア、ペルシア、地中海の3つの生態系が存在する。1万種類以上の植物が生育し、その約3分の1が固有種である。ダマジカやキジの原産地でもある。この地域の主要なわたり鳥の飛行ルート3つのうち、1つはこの地を通る。アナトリアは文化的、宗教的、民族的交差点であると同時に、生物多様性における超大国なのだ。
　しかし現実的には、この多様性は危機にさらされている。8,000万人に上る国民の需要や地方を離れる人々の増加、画一的な工業型農業、そして不十分な政府の保護努力により、農作物や食習慣の多様性は急速に失われている。生きのいいリュフェール（ボスポラスブルーフィッシュ）や、タシュキョプル・サルムサックというカスタモヌ産の香り高いニンニクや、健全な手法と代々受け継いできた種を大切にし、環境や文化の保護に配慮する農家を見つけることは、しだいに難しくなっている。これは、世界中に共通する傾向だ。
　ニュー・アナトリアン・キッチンの根幹をなす使命は──そしてタンの果てなき旅の使命は──民族的、国家的、宗教的境界にかかわらずアナトリアの生産者を支える新たな料理のビジョンを構築することによって、この地方の遺産を

タルハナ。穀物、野菜、ヨーグルトを混合したものを発酵させ、乾燥させた後、スープの素として利用される。

守ることである。

　タンは、山々に囲まれたエーゲ海沿岸のナジリという温暖な小都市で生まれ育った。のんびりとした、明るい人柄の男だ。村人や地元の生産者らと話すときにやや強くなる訛りは、出会った人をたちまち和ませてしまう魅力を持つ。穏やかなまなざしは探求心に満ちており、知性と知識の深さのほどをにじませている。

　ナジリに最も近い大都市イズミルで高校を卒業した後、タンは大学に進学し、農業工学を学んだ。

　「特に、これといった理由はなかったんだけどね」と、カスタモヌからイスタンブールに帰る6時間のドライブのあいだ、タンは語ってくれた。

　「本当は、獣医になりたかったんだ。動物が大好きだからね！ でも獣医学部に入れなくて、第二志望に進むしかなかった。それが農業工学だったというわけさ」

　第二志望ではあったものの、タンは農業工学にも興味を持ち、おおいに学んだ末、スコティッシュ・ルーラル・ユニバーシティ・カレッジに進学し、スコットランド高地地方で研究助手として働くことになった。在学中も卒業後も、レストランの厨房で働いて生活費を稼いだ。修士号を取得し、ゆくゆくは研究者になるつもりだったのだ。

マラシュ・タルハナはチップス状のタルハナの一種で、スナックとして食べられることが多い。

　しかし、イスタンブール出身のある高名なシェフからレストランの仕事をオファーされたとき、タンの人生は思いがけない転機を迎える。いくつかレストランの仕事を経験した後、タンはメフメット・ギュルスが所有するカジュアル・ダイニングレストラン〈ヌムヌム〉で働いていた。
　「ぼくは、チーズケーキとシーザーサラダを担当していた。暇をみて、メフメットの本棚にあった本を全部読んだよ」
　この好奇心と学習意欲が、ギュルスの関心を引いた。ギュルスはタンに、イタリアのスローフード協会が設立した食科学大学への入学を勧める。
　タンは全額支給の奨学金を受け、3年半イタリアに留学し、スローフード協会の創始者カルロ・ペトリーニのもとで学んだ。美食学を修めたが、最も有益だったのは、現地での研修だった。チーズやビール、ワイン、パン、魚について学び、これらの食材がテーブルに並ぶまでのプロセスについても学んだ。アイルランドの醸造所で働き、南オーストラリアでワインの研究をし、カンガルー島でチーズ作りについて学んだ。
　2009年にイタリアから帰国すると、すぐさまギュルスはタンに自動車を与え、旅に送り出した。
　「タンを雇ったのは、彼がすぐれた味覚を持っていたからです」と、ギュルスは語る。

別の種類のタルハナ。赤トウガラシとカイマック・チーズから作られる。

　「彼は、選りすぐりのものの中から最高のものを見分けることができます。それに、おおらかな性格で、何よりコミュニケーション能力が高い。旅に出て、新しい環境に入れば、その土地に適応することが非常に重要になります。本当の意味で相手の懐に入るには、忍耐強くなければならないし、出会った人々に対して正直でなければなりません。家族同然に受け入れられて、はじめて本当の関係が始まるのです」

　当初、タンはどこに行けばいいかわからなかった。そこで故郷のナジリから出発し、温暖なエーゲ海沿岸を旅した。信頼できる情報源からヒントをもらい、ひとつずつ手がかりをたどって、やがて興味深い生産者たちを探し当てた。

　そのひとりが、イスタンブールから車で6時間ほど離れたエドレミットという町で8代続くヘルヴァ（穀物、ゴマ、野菜、果物に油脂と砂糖を加えて作る菓子）作り職人の、トゥフルパシャだ。彼の一族は1700年代からヘルヴァを作り続けているが、その手作りのヘルヴァやタヒニは、イスタンブールではほとんど知られていない。2回ローストした黄金色のタヒニのサンプルを〈ミクラ〉に持ち帰ったところ、ギュルスと厨房スタッフらは、その風味のみならず長い伝統にも感銘を受け、採用を即決した。

　「最初はヘルヴァ・アイスクリームを作るつもりだったのですが、こんなにすばらしい素材には、下手に手を加えない方がいいという結論に達したんです」と、

ギュルスは言う。

　そこで〈ミクラ〉では、飴をからませたカボチャにそのタヒニをふりかけて提供することにした。

　現在〈ミクラ〉は、アナトリア地方に約300人もの小規模生産者のネットワークを築いている。エーゲ海沿岸地方の老夫婦からは、カラケチという固有種のヤギの乳で作られる、刺激のある香りが特徴のコパニスティというチーズを購入している。海岸の町クシャダス近郊で農業を営むギュルセル・トンブルは、地域の女性たちを雇用し援助して、有機栽培の果実酢、正確にいえば非常に濃厚なイチジク酢を〈ミクラ〉に提供している。シリアとの国境まで12キロのアンタキヤの小村に住む、キリスト教正教徒のアシュクンとシラズのデミル夫妻は、ハルハルという小さな緑色のオリーブを生産している。〈ミクラ〉では、このオリーブを白いヒヨコマメに添え、スナックとして提供している。

　北部のデブレクには、タルハナという創意工夫に富んだ発酵食品のスープミックスを生産する女性たちの協同組合がある。ヨーグルトと小麦粉、トマト、タマネギ、スパイス、さまざまな野菜、そしてタルハナという花をつけたハーブを混ぜて濃厚なペースト状にしたものを数日間かけて発酵させると、コクとうま味が出る。その後、分割して乾燥させ、砕いて粒状にすると、「インスタント」スープミックスの出来上がりだ。この協同組合では、タルハナは屋内で乾燥させ、地元産の最高級のトマトと、ボイという、タラゴンやタイム、ローズマリー、ミントなどの乾燥ハーブをブレンドしたスパイスミックスを使用して生産している。〈ミクラ〉では、このタルハナを濃厚なソース代わりにするという独創的な使い方をし、タコのグリルやリーキの炒め煮、ラクダのソーセージ（デヴェ・スジュク）などに用いている。

　ときには、生産物の正当な評価に関して互いに信頼できる関係を築くまでに、何年もかかる場合がある。すべての鍵は、移動することにある。タンは〈ミクラ〉と取引する生産者全員と頻繁に会って関係を維持するために、常に旅をしている。最近、旅の記録をもとに計算してみたところ、これまでに1万1,680杯のお茶を飲み、5,000種類以上の生産物を試食し、312個のおまけつきチョコレートを各地の村の子どもたちに配っていたことがわかった。

　タンは旅に出ると、しばしば家族同然の待遇を受ける。自宅に泊めてもらい、何百キロも車を飛ばして一族の祝いごとに出席し、病気だと聞けば見舞いに行き、無沙汰を詫びる電話を掛ける。〈ミクラ〉が取引をしている生産者の多くは女性なので、旅に妻のギュヘルを伴うこともある。彼女の存在が人々を和ませるので、女性生産者と打ち解けやすくなるのだ。

エリシュテは、手で細かく切ったアナトリア地方の卵麺だ。

「ぼくは技術者だし、しかも〈ミクラ〉みたいな有名レストランで働いているから、わりとすんなり受け入れられるんだ」と、タンは言う。

「ぼくが技術者だとわかると、生産者たちはどうすれば作物がよくなるか聞いてくる。どう答えていいかわからないときは、他の生産者に聞いて、その情報を伝えるんだ」

その好例が、チャンクルの小村で有機農法の高級リンゴ酢を生産している、フセイン・ゲンチュと妻のケジバンである。タンはゲンチュ夫妻のために、ある特定の地方で作られているオーク樽を見つけてきた。ふと気づけば、探し求めている食材の生産に自ら深く関係していたということが、タンにはよくある。たとえば、クシャダスのある農家が生産するヒヨコ豆を、700キロ離れたカラマンの農家に届けるということもある。

タンは時間をかけ、出会った人々が生産する作物や、彼らの日常の営みを把握する。出身地や、使用する種や栽培方法、生産物の調理の仕方の好み、そしてその料理が特別な機会に関係しているかどうか、次世代に親の仕事を継承する意思があるかどうかといったことだ。

タンの旅行の収穫は、しばしば〈ミクラ〉の厨房に刺激を与え、メニューに変化をもたらしている。だが、厨房スタッフの方からも、タンに指示を与えている。たとえば、前の週に新しい塩の生産者に出会ったギュルスが、タンに追

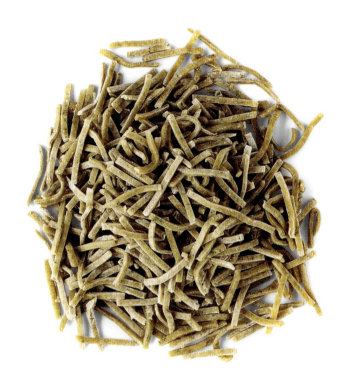

別の種類のエリシュテ。

跡調査をさせることがある。また、ヘッドシェフのアデム・ボーアテペは最近タンに、アナトリア北東部の都市カルスの山岳地帯に自生するヤルプズ（ペニーロイヤルミント）というミントの採集を依頼したという。

ギュルスのレストランのコーポレートシェフを務めるジハン・チェティンカヤは、もう何年もタンと肩を並べて働いている。最近チェティンカヤは、自身の子ども時代の記憶に基づいて、ある生産物の捜索をタンに依頼した。彼は黒海地方西部のボル県にあるゲレデという町に住んでいたとき、ジレ・ペクメズという糖蜜を食べていたのだ。

「よく祖母が買ってくれたんだ。ぼくはヌテラ（チョコクリーム）感覚で食べていたよ」と、チェティンカヤは言う。この濃厚な糖蜜は、地元産のナリンジェ種のブドウと卵白で作られている。手作りで生産され、非常に手間がかかるので、今日ではほとんど忘れられていた。

チェティンカヤの幼いころの好物を求めて旅に出たタンは、アナトリア周辺、特に黒海地方にその生産者らが住んでいることを発見した。広範囲を移動して彼らに話を聞き、ジレ・ペクメズを手作りしている生産者や、材料のブドウの種類や砂糖、卵についてたずねた。いくつもサンプルを持ち帰り、厨房スタッフに試食させた。そしてついに、ボル県のある生産者が他のサンプルより風味が強く濃厚なジレ・ペクメズを手作りしていることを発見した。現在このジレ・ペクメ

ズと、水牛のヨーグルトとストロベリーソルベとクルミを使ったさわやかなデザートが〈ミクラ〉のメニューに加わっている。

　アナトリアは、複雑な土地だ。この地に生まれ育ったわれわれは、アナトリアが中東、ヨーロッパ、中央アジア間の戦略的要衝であったと教えられてきた。歴史の授業では、新石器時代にさかのぼり、何千年もこの地を支配してきたヒッタイト人や古代ペルシア人、古代ローマ人、セルジューク族、オスマントルコ人について学んだ。アナトリアは、東洋と西洋のあいだに広がる文明、宗教、商業の中枢である。常に変化の中心にあり、多くの事件を目撃した。現在も、東西を結ぶ門口であり続けている。最近では、300万人以上のシリア難民が、ここを通過してトルコに入国した。
　その結果が、イスタンブールのメイハネ──トルコ風居酒屋と呼ぶべき伝統的レストラン──で出される数々の料理だ。アルナヴート・ジエリという、バルカン戦争の戦火を逃れた難民たちが伝えたアルバニア風のレバーとタマネギの炒め物や、トルコ南東部に住むアラブ人が持ち込んだフムスや、ギリシアから持ち込まれたタラマという魚卵で作るクリーミーなディップや、飴色に炒めたタマネギと干しブドウ、松の実、スパイスをヒヨコ豆の生地で包んだトピクというアルメニアで人気の前菜などだ。
　このように多様な料理が存在するのはすばらしいことだが、それゆえにアナトリア料理の定義が難しくなるのも事実である。その一例が、ケシケキだ。これは結婚式の席でよく食べられている、小麦と肉をゆっくり時間をかけて煮込んだ料理である。ティレという町では、バターと赤トウガラシのソースをかけて供するが、隣町のオデミシュでそんなことをしようものなら、ただでは済まない。「文字どおり、村八分にあうよ」と、タンは冗談めかして言う。
　ギュルスがニュー・アナトリアン・キッチンのマニフェストに強調して書いているのは、この運動が国や民族ではなく、地域に根ざしたものだということである。ギュルスは、宗教や国籍、民族によって設定された物理的・精神的境界というものにこだわらない。それも当然だ。農作物と食文化は、国境や時流や、民族または宗教グループ間の権力構造が変わろうと、変化することはない。むしろ、土地そのものや、その地に生きるものたちと深く関係している。
　〈ミクラ〉では、これまでに試した生産物に関するすべての記録をデータベース化しており、すでに700種類近くのデータが保存されている。この情報は、最終的に無料のウェブサイトに公開される予定だ。それらの農作物がどのように栽培され、どんな味がするか、どの地域で生産されるか、どのような郷土料理に使用されるか、誰でも自由に調べられるようになる。たとえば、中央アナトリ

アの深さ45メートルの洞窟で保存されているディヴレ・オブルクというナチュラルチーズや、ラケルダという脂の乗ったカツオの塩漬けや、トラキア地方のハルダーリイェという、ブドウ果汁にマスタードシードとサワーチェリーの葉を入れた飲み物や、エドレミットに住むトゥフルパシャという一族が作るヘルヴァや、テンサイの糖蜜や、泥チーズや、ムスタファ・アファカンのヒトツブコムギなどを。

　もともと〈ミクラ〉のためだけの最高の食材探しの旅として始まったものが、今やひとつのムーブメントに変わった。「これほど多くの恵みを与えてくれる地域に住み、そこで働いていると、さらに多くの恵みを掘り起こし、分け合いたいと思うようになるのは自然なことです」と、ギュルスは言う。

　ギュルスは、生産物や食文化を後世に伝えていくには、現状にしがみついていてはならず、前進し続けなければならないと考えている。

　「文化とは、常に進化していくものです。過去、現在、未来はすべて、密接に関係し合っています。これはけっして国としてのプライドの話ではありません。たとえオーストラリアや南アメリカや日本に住んでいたとしても、自分は同じことをしただろうと思います」

　カスタモヌから戻って数週間後、ギュルスはムスタファ・アファカンからショートメッセージを受け取った。地元新聞の切り抜きが添付されており、ヒトツブコムギ畑にわれわれが集まった日の記事と、ギュルスがインスタグラムにアップした写真が、1ページの半分にわたって掲載されていた。

　「ヒトツブコムギやムスタファ・アファカンが、その真価に値する注目を集めるのは大切なことです」と、ギュルスは言う。

　「でも、それと同じくらい重要なことは、次世代の人々や近隣の農家がこの記事を見て、ヒトツブコムギの栽培を始めることなのです」

　一方、タンはすでに新たな旅に出ている。今度は、カンバズリというエーゲ海地方の小さな村の、ブラックマルベリー農家の視察だ。最近降った雹でマルベリーの実が傷ついていないかどうか確かめた後、数日間滞在して、孫息子の高校の卒業式に出席する予定である。

人類は、
なんでも食べる

アラリン・ボーモント、マリッサ・ゲリー

　われわれ人類は、ツチブタ、各種のアワビ、アフリカマイマイ、フジツボ、ツヤシリアゲアリ、イソップシュリンプ、アフリカシロナヨトウ、バライロシラコバト、アワノメイガ、アフリカトノサマバッタ、ケラ、アフリカオナガミズアオ、アフリカヤシゾウムシ、アフリカンシルクワーム、アフリカンスィーフアント、リカオン、オオタバコガ、アゲブ・スナウト・ヴァービル、アキアミ、アルカリミギワバエ、アルパカ、アマミヤマシギ、アマゾンマナティー、アメリカアンコウ、アメリカバイソン（バッファロー）、オオタバコガ、アメリカオオバン、アメリカワニ、グリーンランドアカガレイ、ニシンダマシ、アメリカヤマシギ、メガネグマ、アニュアルシカダ、クロミンククジラ、アパッチシカダ、アブラムシ、ヒトコブラクダ（フタコブラクダも）、ピラルク、ホッキョクイワナ、カタクチイワシ、アルゼンチンメルルーサ、ラプラタメロ、アルゼンチンマツイカ、オオヨコクビガメ、アブラガレイ、ツマアカスズメバチ、ツヤハダゴマダラカミキリ、ツキノワグマ、ニカメイチュウ、ホンアメリカイタヤ、タイセイヨウクロマグロ、タイセイヨウオヒョウ、ジャックナイフガイ、ニシツノメドリ、アトランティックロッククラブ（またはピーキートゥクラブ）、タイセイヨウサケ、アメリカウバガイ、タイセイヨウオオカミウオ、アクシスジカ、オオウミガラス、ヒメウミスズメ、オロロンチョウ、オーストラリアトビバッタ、バブルルートボーリングロンジコーン、マツモムシ、ギョウレツケムシ、バイカルアザラシ、ツチクジラ、ヒラタキクイムシ、ササコクゾウムシ、バナナセセリ、バンデッドシュガーアント、オビオバト、さまざまな種類のカマス、バラマンディ、

バサ、何十種類ものコウモリ、バウェアンジカ、2種類のヒゲイノシシ、アゴヒゲアザラシ、ヒゲゾウムシ、ベンガラメルルーサ、ベニズワイガニ、オオカミウオ、クロツヤムシ、メバチマグロ、コクレン、オオツノヒツジ、クロヨトウムシ、ブラックベリードアングラー、クロカイマン、アオウオ、タマナヤガ、ブラックフィンガースフィッシュ、ブユ、ツナギトゲオイグアナ、ブラックパームウィーヴィル、クロアジモドキ、クロタチモドキ、ブラックシーバス、クロアンコウ、ブラックスポテッドグラスホッパー、ブラックスポテッドスムースハウンド、クロアゲハ、オグロジャックウサギ、ツマグロエイラクブカ、ブラックウィーヴァーアント、コブハクジラ、アメリカアカガイ、クロバエ、ブルーキャットフィッシュ、ワタリガニ、ホキ、ムラサキイガイ、ホシレンコ、タイワンガザミ、ブルーティラピア、ブルーベルベットシュリンプ、シロナガスクジラ——他にも20種類ほどのクジラが食用にされているが、言わずもがなの理由で、詳細は伏せる——ボブキャット、ボゴングガ、ボーグ、ワタアカミムシガの幼虫、ボンベイトビバッタ、ボノボ、ウマバエ、アマゾンカワイルカ、クチビロカイマン、ブロードティップドコーンヘッド、ヒグマ、アシダカグモ、チャイロトビバッタ、ブラウンサンドフィッシュ、ブラウンスムースハウンド、ブキドノンウッドコック、マルソウダガツオ、リンゴマイマイ、コハリイルカ、カワイノシシ、サボテンゾウムシ、トビケラ、カラミアジカ、カリフォルニアカタクチイワシ、カリフォルニアサーモンフライ、カリフォルニアアシカ、カリフォルニアスポットプローン、ケープブッシュバック、ミナミアフリカオットセイ、カピバラ、カラバオ、クマバチ、ネコ、グァテマラアカマザマ、チャコリクガメ、シャモア、ブチナマズ、チーター、ニワトリ（70あまりの品種のすべて）、チリアンナイロンシュリンプ、チンチラ、オオカマキリ、チュウゴクモクズガニ（高級食材として珍重される「上海蟹」の名の方が有名）、ナミクダヒゲエビ、サクサンガ、カイガラムシ、コウライエビ、マスノスケ、チョコレートデーモンバタフライ、ゴウシュウキンイロコガネ、イワシャコ、シロザケ、クリアウィングドグラスホッパー、コメツキムシ、クラウングラスホッパー、コチニールカイガラムシ、さまざまな種類のザルガイ、ゴキブリ、サイカブト、タラの仲間に数えられている多くの魚（ギンダラ、ミナミアオトラギス、イーストシベリアンコッド、イースタンフレッシュウォーターコッド、ユークラコッド、グリーンランドタラ、リング、マオリコッド、メアリーリバーコッド、マーレーコッド、マダラ、ペラジックコッド、ホッキョクダラ、プアーコッド、カスリハタ、ノミノクチ、コマイ、スリーピーコッド、スモールヘディッドコッド、ソフトコッド、タッドポールコッド、トラウトコッド——ふつうのマスではなく、絶滅危惧種の方。もちろん、ふつうのマスも）、コーヒーローカスト、コーヒーノミキクイムシ、ギンザケ、ミノムシ、コイ、チンパンジー、ヨーロッパコウイカ、ニシマガレイ、スズメバチ、ヒメクジャクヤママユ、ショウジョウバエ、ギョリュ

ウモドキ、マダコ、ツルニチニチソウ、ヨーロッパエビジャコ、ケナガワラルー、60種類以上のホラガイ、ヒラタコクヌストモドキ、エビガラスズメ、クーガー、コヨーテ、ヌートリア、ガガンボ、水中に住む甲虫類、クラウンドブルフロッグ、ヨーロッパブナ、キューバワニ、コビトカイマン、シンジュサン、イシイルカ、イトトンボ、アフリカツメガエル、ヨーロッパメンガタスズメ、ドクロゴキブリ、シバンムシ、ディープウォーターケープヘイク、ツノナガサケエビ、サバクトビバッタ、ディガービー、ナミゲンゴロウ、ヘビトンボ、イヌ、20種類のさまざまなイルカ、ロバ、シイラ（またはマヒマヒ）、ヤマネ、マトウダイ、ヨーロッパソール、ダウズパフィン、トンボ、グンタイアリ、カンザイシロアリ、130種類あまりのアヒルやガチョウ、ジュゴン、ダイカー、フンコロガシ、アメリカイチョウガニ、2種類のアオライチョウ、ハサミムシ、イースタンドブソンフライ、バージニアカキ、イーストパシフィックボニート、イースタントゥバイター（念のために解説すると、水生甲虫の一種）、イチョウガニ、クダモノノタマゴ、ナスノメイガ、エランド、ゾウ、ベニスズメ、クジャクヤママユ、エミュー、エリサン、アブラコソムツ、シラコバト、オオバン、ヤマシギ、ヨーロッパカタクチイワシ、ヨーロピアンシーバス、ヨーロッパ牛、ヨーロッパウナギ、ヨーロッパヒラガキ、ヨーロッパヌマガレイ、タイセイヨウヘイク、ヨーロッパイエコオロギ、ウスバカマキリ、ヨーロッパツノガレイ、ノロジカ、ヒグラシ、ダマジカ、ネコ科の動物（野生のネコとイエネコを合わせたネコ一般）、リンゴムツボシタマムシ、ニクバエ、ハナムグリ、ブリーム、モリシャコ、フレーザーズクロードフロッグ、ガラパゴスゾウガメ、オナジマイマイ（その他 *Helix* 属の仲間を含む、うちいくつかは既出）、ガザミ、ジェレヌク、コウモリガ、ジャイアントアカシアクリックビートル、ハラビロカマキリ、ジャイアントバンブーウィーヴィル、ジャイアントカリフォルニアシーキューカンバー、ウェタ、モリオオアリ、オオミツバチ、ナンベイオオタマシ、ユウレイナナフシ、ジャイアントスキッパー、タガメ、オオゾウムシ、ジャイアントウェスタンクレーンフライ、ヤギ、ゴウシュウマダイ、ゴールドダストウィーヴィル、ジョロウグモ、イトヨリダイ、ルブロンオオツチグモ、潮間帯や遠洋に漂泳するエボシガイ類、ゴリラ、ソウギョ、バッタ、ハイイロマザジカ、ヨーロッパヤマウズラ、ハイイロアザラシ、ネッタイヒメスズメバチ、キジオライチョウ、グリーンブッシュローカスト、グリーンイグアナ、セイヨウトコブシ、ツムギアリ、グリーンバレーグラスホッパー、ミゾズワイガニ、ハタ、ウジ、モルモット、ホロホロチョウ、ガルフフラウンダー、ガニソンキジオライチョウ、モンツキダラ、ヘアリーエンペラーモス、ウツクシシャコ、ネズミイルカ、ゼニガタアザラシ、ホンビノスガイ、30種類のノウサギ、テナガカミキリ、ヤエヤママダラゴキブリ、タテゴトアザラシ、ハーベスターターマイト、スズメガ、多種類のニシン、ホッグジカ、ミツアリ、ミツバチ、ズキンアザラシ、

ツノメドリ、スズメバチ、ウマ、ワイタンプバタフライ、ニュージーランドセスジノコギリカミキリ、ホシホウジャク、サンシャインバス、インパラ、インカバト、少なくとも3種類のインド産コイ、トウヨウミツバチ、ラックカイガラムシ、インディアンターサーシルクワーム、スナメリ、アカテノコギリガザミ、ジェームソンズクリームスポット、ブリ、シコイワシ、日本のクマバチ、ニホンウナギ、スルメイカ、オオスズメバチ、ヤママユガ、カブトムシ、マナマコ、オオセ、ミナミヤマシギ、オバケコロギス、タマムシ、ジョインドヒンドゥースケート、イチョウガニ、アメリカオオアカイカ、ジャングルゴキブリ、少なくとも4種類のカンガルー、キリギリス、ニュージーランドウニ、キヴクロードフロッグ、イワトビレイヨウ、フトビロウドザメ、チョウセンキオビクロスズメバチ、クーズー、クルシーチークボーラー、ユスリカ、シロマス、ラージコーストローカスト、タイワンハネナガイナゴ、ヨコバイ、リーチュエ、シロイチモジヨトウ、ガイマイゴミムシダマシ、レッサーマイグラトリーグラスホッパー、フトキンカメムシ、コミツバチ、ヒメアカマザマ、ラマ、イセエビをはじめとする多種類のロブスター、ショウリョウバッタ、カミキリムシ、ロンガンスティンクバグ、アメリカケンサキイカ、コシナガマグロ、ダンゴウオ、オオヤマネコ、17種類のサバ、マダガスカルキツネザル、キマダラドクバッタ、マグダレナヨコクビガメ、セセリチョウの幼虫、イソシジミ、マガモ、ムツボシシロカミキリ、マヌカビートル、アフリカハイギョ、マカジキ、マサイキリン、カゲロウ、ゴミムシダマシ、モモコフキアブラムシ、メロンバグ、フトカミキリ、メキシコミバエ、ハツカネズミ、トノサマバッタ、ケラ、さまざまな種類のサル、アオスジカミキリ、多種類のアンコウ、ヘラジカ、モパネワーム、モレレットワニ、モルモンクリケット、マウンテンゴリラ、ユキウサギ、ピューマ、キベリタテハ、ナゲキバト、モザンビークティラピア、ムササモス、ケンヒー、ムガサン、クワカミキリ、ラバ、ミュールジカ、ジャコウウシ、ヨウスコウスナメリ、ニューギニアウッドコック、モエギイガイ、ナイトワスプ、ナイルワニ、ナイルアカメ、ナイルティラピア、アメリカグマ、ワピチ（またはアメリカアカシカ）、シロガネダラ、ノーザンブラウンシュリンプ、キタオットセイ、キタキリン、ノーザンジューンビートル、ノーザンマスクトチェイファー、ホッコクアカエビ、オナシブズー、ノーザンレッドスナッパー、カナダマツイカ、ヨーロッパトラザメ、ニアラ、メヌケ、モンツキダラ、ヒラメ、アカマンボウ、24種類のオポッサム、オレンジラフィー、イエバエ、オビキンバエ、オリノコワニ、オリックス、ダチョウ、パシフィックボニート、アメリカナミガイ、タイヘイヨウオヒョウ、マガキ、イカナゴ、ホソクモヘリカメムシ、パリッドエンペラーモス、パルメットゾウムシ、パームシードブルキッドビートル、パンパスジカ、パナマヘイク、ジャイアントパンダ、パンドラガ、6種類のセンザンコウ、パタゴニアンスケート、パタゴニアヤリイカ、ニタリ、周期ゼミ、パーミッ

ト、ペルーカタクチイワシ、ファントムミッジ、ブタ、ハト、アブラツノザメ、マツノマダラカミキリ、マツノキクイムシ、パインツリーエンペラーモス、ワタアカミムシ、カラフトマス、24種類に及ぶピラニア、メキシコハマグリ、36種類のチドリ、ホッキョクグマ、スケトウダラ、コバンアジ、ニシネズミザメ、24種類に及ぶヤマアラシ、マルバラユメザメ、トックリバチ、2種類のソウゲンライチョウ、ゲンゴロウ、バイカナマコ、マツノギョウレツケムシ、プリリモス、ヨーロッパムラサキウニ、コビトカバ、コビトイノシシ、ウズラ、ズワイガニ、ウサギ（砂漠地帯、草原、湿原に住む各種類のノウサギと、多くの種類のカイウサギ）、アライグマ、100種類以上のクイナ、レインボーサーディン（7種類の他のイワシも）、キュウリウオ、ニジマス、50種類以上のラット（オニネズミ、ヨシネズミ、モリネズミなどを含む）、30種類近くのガラガラヘビ（と、100種類以上のその他の食用に適するヘビ）、さまざまな種類のマテガイ、レッドバンデッドシーブリーム、レッドブレストティラピア、マザマジカ、ツツガムシの幼虫、アカシカ、クロクモザル、コクヌストモドキ、アカアシガメ、ズアカヨコクビガメ、タラバガニ、レッドレッグドグラスホッパー、アカトビバッタ、アカノドシャコ、ヤシオオサゾウムシ、アカウニ、テッポウエビ、レッドストライプウィーヴィル、アメリカザリガニ（またはルイジアナザリガニ）、レッドテキーラワーム、トナカイもしくはカリブー、トナカイヒフバエ、アミメキリン、サイ、クラカケアザラシ、コクゾウムシ、ワモンアザラシ、コウライキジ、ローンアンテロープ、カワラバト、イワライチョウ、ロックシュリンプ、ロッキートビバッタ、ラフスキンスケート、ロイヤルレッドシュリンプ、エリマキライチョウ、セーブルアンテロープ、サックベアラーモス、サヘリアンツリーローカスト、サルヒートウッドボーラー、ソルトマーシュモス、サンドクリケット、ハタハタ、サバンナヨコクビガメ、ウロコシャコ、コガネムシ、ブラジルカイマン、スカップ、ラッコ、マメゾウムシ、セネガルヘイク、シャローウォーターケープヘイク、数十種類のサメ、シャークキャットフィッシュ、ホソオライチョウ、ヒツジ、ウシアブ、ショートスパインアングラー、シベリアノロジカ、ニホンジカ、カイコ、カイコガ、シルバーバーブ、ハクレン、シルバーサイプラニッド、シルバーヘイク、ムツコブヨコクビガメ、ガンギエイ、ハサミアジサシ、カツオ、セセリチョウ、パイプウニ、アフリカクチナガワニ、スラグキャタピラー、キツネホシザメ、スジビロウドザメ、キグチ、20種類のタシギ、シギアブ、タイセイヨウズワイガニ、オオノガイ、ミズアブ、ミナミアメリカオットセイ、サウスアフリカンパームウィーヴィル、オタリア、ミナミアフリカカタクチイワシ、ミナミマグロ、サザンフラウンダー、ミナミキリン、ヒタチダラ、サザンピンクシュリンプ、サザンブーズー、サザンブラウンシュリンプ、サルエビ、サザンホワイトシュリンプ、シダクロスズメバチ、マメシンクイガ、アサヒガニ、メガネカイマン、クモ、スパイニーシーキューカン

バー、アワフキムシ、マダラカマドウマ、マダラバッタ、スポテッドパインソーヤー、ゴマフアザラシ、クモハダオオセ、スポッテッド・ウルフフィッシュ、スプリングボック、ハリモミライチョウ、100種類以上のリス（と、シマリスとマーモット）、クワガタムシ、スタインボック、トド、ナナフシ、ハリナシミツバチ、カメムシ、スティンクトゥ、ミナミゴンズイ、多種類のチョウザメ（と、その高価な卵）、地下シロアリ、スーダンミリットバグ、スーダニーズツリーローカスト、セレベスヤマシギ、ナツヒラメ、マレーグマ、サンダウナーモス、ツヤケシオオゴミムシダマシ、ウバガイ、メカジキ、タール、ターポン、キオビセセリモドキ、テンラインドジューンビートル、タイゼブラタランチュラ、バラノトゲツノゼミ、ツバメコノシロ、スリースポットティラピア、オナガザメ、ハンミョウ、トラフグ、アマダイ、チップウィルター、タバコスズメガ、トマトスズメガ、ツノゼミ、ナキハクチョウ、ササビー、コビトイルカ、マエガミジカ、エトピリカ、イシビラメ、シチメンチョウ、ツインラインラペットモス、ハイイロゲンゴロウ、フタホシコオロギ、ツーストライプトグラスホッパー、フタオトラフアゲハ、ウガンダクロードフロッグ、バレーグラスホッパー、クロハラカラスザメ、ヴァルチャービー、カマスサワラ、ウォーキングキャットフィッシュ、ワラビー、ウォールアイ、セイウチ、ウシバエ、6種類のイボイノシシ、水生甲虫、ミズムシ、スイギュウ、ウォーターバック、ガムシ、タイコウチ、ミズカマキリ、アメンボ、ニュージーランドスルメイカ、アフリカマナティー、ウェスタンアッシュボーラー、ウェスタンホワイトシュリンプ、アメリカマナティー、ケナガクモザル、シロボウシバト、バナメイエビ、アカオビスズメ、ホワイトマゲイワーム、ホワイトリバークローフィッシュ、シロワキジャックウサギ、ホワイトスポッテッドソーヤー、オジロジカ、オジロライチョウ、イシナマコ、シロビタイシャコバト、ハジロバト、ホワイティング、イノシシ、ヤマネコ、ウシカモシカ、カラフトライチョウ、ウィローツリーエンペラーモス、フユヒラメ、オオボクトウの幼虫、ウルフィール、ヤク、ヤムビートル、チョウコウチョウザメ、キハダマグロ、キアシガメ、キアンコウ、チャイロコメノゴミムシダマシ、イエローノーズスケート、イエローパーチ、モンキヨコクビガメ、ユカタンブラウンブロケット、シマウマ、コブウシなど、数多の種類の昆虫や動物を食べている。

料理の違いが
差異を生む

クリシュネンドゥ・レイ

　はじめてケバブを食べたのは、高校生のときだった。私にとってこの経験は、はじめてフォークを使ったときに匹敵する重大な分岐点である。当時、私はインドのジャムシェドプルの小さな町からデリーに引っ越したばかりで、大都市における洗練されたふるまい方の訓練を必要としていた。センスのいい服や食器類の使い方の習得、そして熟成されたチーズとワインに対応できる胃袋を養うことは、私が生まれた階級の中では上昇志向の表れだった。ケバブを食べることも別の種類の都会的行動だったが、それは応接間よりストリートを連想させる、下品な性質のものではあった。ケバブはイスラム教徒の男性性の象徴のように思われ、私のようなヒンドゥー教徒の少年は、抗いがたい魅力を感じていた。
　肉の中でも牛肉は、敬虔なヒンドゥー教徒の慣習の中で、過剰な関心を集めている。ヒンドゥー教徒が戒律を破って肉食することは、純潔というカーストの概念に対する深刻な脅威である。したがって肉食は、特に現在の政治的文脈においては、厳しく取り締まられる。プライバシーの基本的権利を明確に認めた最近のインド最高裁判所の判決で、ジャグディシュ・シン・ケハールは「干渉されない権利は、人生を楽しむ権利の一部である。そして人生を楽しむ権利は、個人の人生における基本的権利の一部である」と述べている。新たに認められたこの権利により、ゲイの人権活動家たちや食生活に対するヒンドゥー教徒の自警主義に批判的な人々は活気づいている。しかし、共産社会主義的要求が個人の欲求より優先される国で、自分の体に何を取り入れるか選ぶ権利を守

ジャマイカのモンテゴ・ベイにあるレストラン。

るには、さらなる努力が必要になるだろう。

　一般に流布している説とは裏腹に、ヒンドゥー教徒の大半はベジタリアンではない。インドでしばしば「ノンベジ」と呼ばれる料理や人々は、少量のヤギ肉や魚（まれに二枚貝）を使った料理や、それを食べる人々を指す。しかし、イスラム教徒の居住区で食べられているケバブに対しては、上位カーストのヒンドゥー教徒たちは、とりわけ深い疑惑のまなざしを向ける。子どものころ、訪問販売員だった父やおじたちから罪深くも美味なイスラム教徒の食べ物の話をよく聞かされたものだが、私自身が勇気を振りしぼってケバブを口にしたのは、何年も後のことだった。肉食に対する私の恐怖は、長きにわたるヒンドゥー教徒のベンガル人の欲望を規制する教化プロセスの名残だった。その教えにおいては、辛味や酸味や肉の味は、慣れ親しんだ味覚の対極にあるものだった。民族主義者たちは、過去も現在も、タマリンドやトウガラシ、そしてとりわけ不浄の肉を、無教養な田舎女性や都会のバザールにたむろする野蛮な非カーストの男性と結びつけ、ますます激しく批判している。だがおそらく、まさにこの抑制こそがストリート・フードの反体制文化の繁栄を生み、良俗の強制に対抗する「dustu-khide（従順でない食欲）」への憧れを醸成していると思われる。

　その運命の日、私は学校帰りにとてもよい香りに誘われ、イスラム教徒の居住区に紛れ込んだ。スーフィー教の聖人ニザムディン・アウリヤの聖廟やフマーユーン廟を通りすぎ、縁なし帽をかぶった男たちが行き交う狭く曲がりくねった路地に、吸い込まれるように入ってしまったのだ。ふいにイスラム寺院の尖塔から勤行時報係の声が聞こえてきて、驚いたハトたちが塔の屋根からいっせいに飛び立った。おとなしい中流階級のヒンドゥー教徒の少年だった私は、さまざまな顔を持つ大都会デリーのイスラム教徒居住区の中心部に迷い込んでいた。威圧的な佇まいの寺院の向かい側で、ケバブ売りが客に声をかけていた。腰までの高さの炭火コンロの火を、ヤシの葉を縫い合わせたうちわであおいでいる。肉が焦げるいい匂いに、私は我慢できなくなった。ちょうど、ボティケバブ２串分のお金を持っていた。ケバブ売りは、丸めた新聞紙を使って串を火から下ろすと、木の葉を縫い合わせた深皿に移した。つやつやと光るケバブは熱く、こぼれる肉汁からクローブやシナモン、コショウの香りが漂っていた。ダルガー（寺院）のすぐそばで味わった炭火焼の肉の匂いは、ヒンドゥー教の抑制を自ら遠ざけた、感覚的な記憶として長く残った。焼いた肉を食べることは、私が育った中流階級のヒンドゥー教徒コミュニティーでは、少年が大人になるまでの一連の通過儀礼のひとつと見なされていた。両親と聖職者が定めたルールを破ることで、私は多文化民主主義社会の一員となるための教えを吸収していたのだ。もちろん、ケバブを食べることが必ずしも寛容な精神に通じるわけではないが、私と

いう人間の再教育には決定的に重要だった。それはまた、中の下の階級の田舎者の少年が大都会の上流階級の人間に抱く、階級に対する鬱積した不満とも深くかかわっていた。胸の中に、何かがふつふつと湧きあがっていた。それは禁じられたケバブを求める、階級や親から押しつけられた食生活に対する反抗心だった。あの味が──そしてケバブを食べたことが露見したときに、自分を正当化したことが──私をヒンドゥー・ナショナリズムから遠ざけたのだと思う。

　数年後、肉が焼ける匂いは、インディラ・ガンジーがシーク教徒の警備員に暗殺された後で大勢のシーク教徒が生きたまま焼き殺された事件と、頭の中で結びつくことになった。絶望的な気分であてもなく街をさまよっていたときに、まがまがしい匂いが漂ってきたのだ。あの事件以来、焼き肉のような単純なものが、無害であるとは思えなくなってしまった。

　私が育った環境は、暴力に満ちていた。単なる象徴的な残虐行為ではなく、ヒンドゥー教徒とイスラム教徒、あるいはヒンドゥー教徒とシーク教徒、さらにヒンドゥー教徒の中でもオディア語族とベンガル語族のあいだで繰り広げられる、物理的な、殺人的な流血だった。こうした経験により、私はふたつの教訓を得た。ひとつは、自分の味覚は自分の意識よりずっと偏見が少ないということ。言い換えれば、少なくとも私の意識は私の舌に従っているということ。もうひとつの教訓は、菜食主義者の倫理と美学は、他人に対する暴力ときわめて親和性が高いということだ。これについては、今日のインド全土で行われている、肉食のイスラム教徒やカーストの最下層の人々に対する凄惨なリンチを見てもわかる。

　これらの教訓から、私は考える。私がインドを離れてアメリカにわたったのは、忠誠心を要求しない味に飢えていたからだろうか？　そうだとすれば、そのような味は見つかったのか？　あるいは、そもそもそんな味は存在するのだろうか？

料理の悪用

　アメリカなど白人が支配的な国々では、近年料理の盗用に関する議論が噴出している。もともとその料理を作ったとされる人種または民族ではない人々が作った料理を食べること──たとえば白人のシェフが作ったタコスを、顧客の大多数が白人である高級料理店で提供すること──の意味を巡って、激しい議論が起こっている。これは、ひとつの文化を作りだすパワーの問題にかかわる、重要な議論だ。もちろん、人々は常にお互いの調理技術や料理を借用しているし、またそうあるべきである。すべての人が自分たちの文化の中だけに閉じ込められている世界など、想像するだに恐ろしい。人類の歴史は、借用された食べ

物であふれている。たとえば新世界原産のトウガラシがなければ、南アジアや東南アジアの料理はなんとも締まりのない味になるだろう。ペルー原産のジャガイモは、アイルランドやインドの人々の日々の糧となっている。また、ユダヤ人はロンドンでフィッシュアンドチップスを流行させ、ローマではアーティチョークの丸揚げを広めた。しかし、アフリカ系アメリカ人の状況は、それらとは異なることをきちんと認識する必要がある。

歴史的に、アフリカ系アメリカ人は奴隷や使用人、（鉄道やホテルの）料理人として料理の仕事に携わってきたが、アメリカの料理文化における彼らの功績は、ほとんど認められていない。作家のジョン・エガートンは『The Jemima Code（ジェミマおばさんの掟）』の序文で、2世紀以上にわたるアメリカの歴史で出版されたおよそ10万冊に及ぶ料理書のうち、アフリカ系アメリカ人の著書はわずか200冊にとどまっており、人口比率の上でも料理人の数の上でも少なすぎると述べている。

歴史学者で作家のジェシカ・ハリスは、ハーキュリーズ（ジョージ・ワシントンの料理長）やジェームズ・ヘミングス（トマス・ジェファーソンの料理長）のような人々や、「贅沢な晩餐を用意する名家の料理人や、19世紀のフィラデルフィアで協同組合を創立した仕出し業者たち、大勢の黒人ホテル経営者や料理界の大物たち、そして増加する黒人中・上流階級の人々」を含む、もうひとつのアフリカ系アメリカ人の料理人の系譜を示している。これとは対照的に、アフリカ系アメリカ人を単なる安い労働力として捉えた一般的な物語は、料理に対する黒人の貢献を過小評価した典型例である。

私自身も、アメリカに帰化するまでの過程で新たな偏見を獲得した。私が受けた非公式の教育には、フライドチキンやチタリング（ブタの臓物の煮込み）やスイカと黒人の関係に関する人種差別的ステレオタイプを吸収することが、必然的に含まれていたのだ。アフリカ系アメリカ人は、必要の上からそのような食べ物を食べさせられてきたと同時に、そのような食べ物を食べることで非難されてきた。これは世界の各地で数多く見られる、貧しい人々がその貧しさゆえに、そして彼らに手に入る貧しい食べ物を食べているがゆえに、非難される例のひとつである。やがて私は、こうしたステレオタイプには想像以上に多くの意味があることに気づいた。ジェシカ・ハリスやサイキ・ウィリアムズ＝フォーソン、マイケル・ツィッティー、カイラ・ワザナ・トムキンズらの著書は、新たにアメリカ人となった私の再教育に大きく貢献した。彼らは、黒人の経験を盗用したり無視したりする者がいれば激怒する。ウィリアムズ＝フォーソンは、黒人の味をフライドチキンとササゲに限定することは「料理における背信行為」だと主張している。実に言い得て妙だ。

私が思うに、「文化的盗用」という言葉は、アメリカにおけるアフリカ系アメリカ人の経験という特定の事例に限定して使用されるべきだ。対照的に、ネイティブ・アメリカンの食文化に対するアメリカ人の態度は盗用ではなく、植民地化と物理的移動と、安価な炭水化物を主食とする戦争難民の食生活の押しつけ（オーストラリアやニュージーランドなどのその他の植民地文化にも見られるパターン）による、強制的な同化である。もちろん、トウモロコシや各種のカボチャ、豆類、各種の甲殻類や肉などがいつの間にか盗用されていた例はあるが、ネイティブ・アメリカンとの関係は、アフリカ系アメリカ人との関係とは異なっている。アメリカ人は、アフリカ系アメリカ人の功績が無視されていることについて、沈黙を守っているのだ。

　私が専門的に研究してきたことの中心分野であるアメリカにおける移民料理の文化に関して言えば、私が料理の従属と呼んでいる現象がある。白人系移民（主要な例はイタリア人、ユダヤ人、スペイン人、ギリシア人）の選択的な地位の上昇に続き、アジア系移民（日本人、韓国人、やがては中国人）の地位が資本の集積の論理に部分的に従って上昇する現象だ。要するに、祖国の経済が発展の道をたどるにつれ、料理文化を含めたその国の文化は、暗黙のうちに新たに上位階級の地位を与えられる。これに関しては、イタリア料理と日本料理が最も顕著な例である。

　さまざまな民族グループの問題を、文化的盗用という言葉で一括りに表現することは、人種、文化、そして料理の対象となる人々がたどった力関係の歴史を表すには不十分であり、さまざまな人種や民族が苦労して生み出した料理の運命に待ちかまえているさまざまな結果をあいまいにする。たとえば、われわれが異なる人種によると分類するものは、われわれが異なる民族によると分類するものより、大きな障害を克服しなければならない。

異質ではないが同一ではない

　後に「アメリカ料理」と見なされるようになった最初の料理は、イギリスやスコットランド、ドイツ、アイルランドのヨーロッパ北部からこの国にわたり、先住民を押しのけて定住した約 2,000 万人の移民たちが作り出した。これらの入植者たちが、自分たちの嗜好と、トウモロコシや豆類やカボチャなどの先住民の農作物、そしてアフリカ人奴隷たちが持ち込んだ技術や食材をもとにして、アメリカ人の味覚の素地を築いたのだ。

　1880 年代から 1924 年にかけて、アメリカ人の味覚は大きな変化を遂げた。この時期に、人口統計上の中心勢力はイタリアやギリシア、アルメニアなどの地

アメリカの食はおよそ40年ごとに変化しており、かつては「エスニック」と見なされていた料理も、アメリカ料理として吸収されていく。

中海地方からの移民と、ポーランド系ユダヤ人などのヨーロッパ北部の都市出身の少数派民族に移行した。アメリカ人が初めて「自分たちのものと異なる」と感じたのは、これらの民族集団の食べ物だった。すなわち、オリーブオイルやニンニク、ローズマリー、シュマルツ（家禽の脂肪を溶かして精製した食用油）、ベーグル、ピザ、オリーブ、パスタ、イワシ、アーティチョーク、ワイン、ブロッコリーなどの野菜、そしてアニスやコリアンダー、フェンネル、クミン、タイムなどのハーブやスパイスである。また、この時期（1910年代前後）には、1882年以来中国人移民が大幅に制限されてきたにもかかわらず、チャプスイが大流行した。

　アメリカの栄養学者や家政学者、社会改革主義者、学校教員たちは、特に1890年代から1920年代の進歩主義時代には、これらの食べ物はすべて体に悪く、調理法が実に不衛生であるうえ、誠に恐ろしいことに飲酒を招くと際限なく訴え続けた。そしてイタリア人やユダヤ人のこうした恐ろしい食習慣を矯正しようと試みた。ありがたいことに、彼らは失敗した。アメリカの食文化は、動的かつ破壊的で柔軟な領域であり、1960年代以来ポップミュージックを取り巻いている環境とよく似ている。アメリカの食文化ほどさまざまな影響を吸収し、自分のものにしてしまう文化は、他のどの国にもないだろう。アメリカ料理はおよそ40年ごとに変化しており、そのおかげでアメリカ人の味覚はより興味深いものになった。そのような変革は移民たちの経済的・文化的統合の指標であり、たとえば多くのヨーロッパの国では、そのような指標は見られなかった。現在アメリカは、1965年に始まった3度目の味覚の大変革の真っただ中にある。アジアやラテンアメリカ、カリブ海地方からさらに3千万人もの移民が流入し、アボカ

ドやパクチー、トウガラシ、マンゴー、クズイモ、カレー、モーレ、麺類、タコス、醤油、鮨などが、アメリカの食文化に組み込まれたのだ。

1850年の国勢調査で政府が国民の職業や出身地の追跡を始めて以来、食品サービスの仕事と新たな移民のあいだに強い相関が見られている。職業の分類は時代によって変化してきた——たとえば料理人、給仕人、シェフが職業欄に加わっている——が、数字の上で外国出身者がある種の職業の大多数を占めていることがわかる。たとえば家事使用人、ホテルやレストランの従業員、ホテル支配人、酒場の経営者やバーテンダー、食料品店経営者や卸売業者、パン屋、肉屋などだ。これとは対照的に、いわゆるホワイトカラーの職業に就いている人は、アメリカ生まれがほとんどである。

2000年の国勢調査によると、ニューヨークのレストランで働く料理人の75パーセントが外国出身者であり、その多くの出身国や地域は、メキシコ、中央アメリカ、カリブ海沿岸地域、南アメリカ、中国、旧ソ連だった。2010年には、ニューヨーク市の小規模事業主の約半数が移民であり、レストラン経営者に至っては69パーセントに上っていた。現在ニューヨーク市に約9,000軒ある屋台のほとんどが外国出身者によって営まれ、彼らの母語で最も多いのがベンガル語であり、広東語、フラニ語、アラビア語、スペイン語、ウルドゥ語、ウォロフ語、スワヒリ語、その他の言語と続く。

1950年の国勢調査までさかのぼってさえ、1924年の規制以来移民の数が減少していたにもかかわらず、レストランで働く料理人の実に64パーセントが外国出身者（最も多いのがイタリア人、次いでギリシア人、中国人、ドイツ人）だった。20世紀中葉には、イタリア人はニューヨーク市内で1万軒以上の食料品店、1,000軒近くの精肉店、そして1,000軒以上のレストランを経営していた。歴史学者のアンドリュー・スミスによると、イタリア系アメリカ人の食料品商は、さまざまな種類のシーフード、アイスクリーム、「オリーブオイル、パルメザンチーズ、アンチョビ、パスタ、コーヒー」をアメリカに伝えた。これは「エスニック」という言葉がアメリカで用いられるようになったのと同じ時期である。

アメリカでは、「エスニシティ」という用語は、1950年代後半にジャーナリズムや社会科学分野でほぼ同時に使われ始めた。当時は、人種問題に抵触することなく差別化を図ることができる、比較的中立的な用語と考えられていた。そして1980年代後半には、かつては権力の中枢から排除されていた、国家を形成するには至らない集団による文化的統一の、穏当な宣伝文句と見なされていた。

アメリカ国内に足を踏み入れた移民は、特に外見が異なっている場合は、過去50年間にわたって「エスニック」と呼ばれてきた。エスニックという言葉で

表される人々は、アメリカ人に非常に近いものの、下位にある他人——外国人よりは近く、アメリカ人と呼ぶには違いすぎる人々である。20世紀のアメリカ人の感覚によると、エスニックな人々は外見や言語、食べ物の好みが違う。サブカルチャーや前衛芸術の世界では、エスニックという用語やその用語で表される人々は、文化的創造性を有すると見なされる場合もある。

　エスニシティと起業家精神に関する学術書は、経済学と政治学の観点から書かれたものが多い。あたかも、移民たちが味や美について無関心であるか、それらのことが実利的・道徳的領域の障害となりうると考える、政治経済一辺倒の人々だと見なしているかのようだ。味覚に関する学術的議論において外国出身者の影響を無視しようとする傾向は、味覚に関する議論は辺縁の人々の実生活にとって重要でないと見なす傾向の産物かもしれない。こうした考え方においては、貧しく勤勉な人々は、貧困や苦しみ、ヒエラルキーや象徴的暴力についてわれわれに教えることができるが、味覚について教えることはけっしてできないとされる。これは、フランスの社会学者ピエール・ブルデューの分析枠組みの圧倒的優位がもたらした、不幸な結果のひとつかもしれない。その枠組みの核にあるのは、すぐれた味覚の概念はエリートだけに許された文化的領域であり、上位から下位の階級に流れていくものだという理論である。その結果、味覚は競争的で動的な性質を失っている。

　移民やアフリカ系アメリカ人は、いずれもアメリカの食文化において長らく重要な存在であったにもかかわらず、学者たちの研究対象にされることはめったにない。たとえば、中国系移民は19世紀半ば以来、食に関係する職業を支配してきたにもかかわらず、21世紀にジェニファー・8・リーの『The Fortune Cookie Chronicles: Adventures in the World of Chinese Food（フォーチュンクッキー・クロニクルズ：中国料理の世界の冒険）』が発表されるまで、典型的なエスニックレストランを創業し経営する中国系移民の視点を1冊の本にまとめた論文はなかった。あまりにも遅きに失したと言う他はない。

旅する味覚の回復

　味覚は旅をする。ジャガイモやトウガラシ、スパイス、トマトなどの農産物や、コーヒーや紅茶、チョコレートなどの嗜好品の歴史を見てもわかるように、明らかに、相当な距離を移動する。これほど顕著でないものの、国際都市で移民たちが立ち上げたフードビジネスを介しても、広く移動する。すなわちピザやパスタ、撈麺（汁なしソバ）、ケバブ、高級フランス料理、そして言うまでもなくアフリカ系アメリカ人移民による南部アメリカ料理の店などだ。知的職業に従事す

る都会の若者たちは柔軟な味覚を持っており、彼らが新たな味を受け入れることによって、移民居住の政治的経済学および文化的政治学に（国際的にも国内的にも）新たな可能性を提供してきた。

　これまで、外国出身者がアメリカ人に料理を提供し、アメリカ人がそれらの料理を食べるという関係が続いている。このやりとりは、アメリカ文化への民主主義的入口の中心であり、世界の他の文化にも類を見ない。しかし、他者の食べ物を食べることで他者に対してより寛容になれるかという問題は、根強く残る。デリーやニューヨークにおける私自身の経験から言えば、答えはイエスだ。だが、私のような人間もいれば、ケバブに嫌悪感を示し、ケバブを売るイスラム教徒の商人を軽蔑するヒンドゥー教徒も、同じくらい存在する。アメリカでは、中国人排斥法が施行された後、チャプスイを好んで食べながらも中国人移民を嫌う人は大勢いた。また、今日でも多くの人が南部の伝統料理を好みながら、その料理に対するアフリカ系アメリカ人の貢献を無視している。

　他者の食べ物を食べたからと言って、他者に対して寛容になれるという保証はない。しかし、他者の食べ物に対する嫌悪と軽蔑に満ちあふれている人は、他者を市民として受け入れようとは思わない可能性が高い。その証拠が、現代のインドにおける牛肉の消費量だ。上位カーストのヒンドゥー教徒は、下位カーストや非カースト、イスラム教徒、キリスト教徒の食べ物に対して、常に嫌悪と軽蔑を抱いている。

　食物史家のマイケル・ツィッティーは、2017年にヴァージニア州シャーロッツビルで白人至上主義者とその反対派とのあいだに起こった辛辣できわめて暴力的な衝突の後で、次のように述べている。

　「白人たちが私たち有色人種に対して奇妙な関係を結んできたことについて、彼らを憎んだことは一度もない。だが、白人たちは自分の家系や歴史、血統、そして料理でいっぱいになったテーブルの上に、どれだけ多くの私たちの努力が存在するか、まったく理解していないのではないかと、幼いころからずっと疑っていた。もし理解していたなら、互いに対する憎悪ははるかに少なかっただろう」

　嫌悪感から他者の食べ物を拒絶することは、外国人恐怖症の徴候である——私が暮らしたふたつの大陸に住む、人種やカーストで人を差別する人々にとって、食べること（そしてともに眠ること）が最大の脅威であることは、驚くに当たらない。

「エスニック」でない
レストランなど
存在しない

ポール・フリードマン

　「エスニック」と「レストラン」という言葉は、高名な料理評論家のクレーグ・クレイボーンが1964年のニューヨークタイムズ紙に発表したサンフランシスコのフードサービスに関する評論の中で、並べて使用されている。その後、エスニックレストランという言葉は、東アジアやラテンアメリカの国々の料理（とされるもの）を提供するアメリカのレストランを指す一般的な用語となった。しかしながら、こうした現象は、クレイボーンが指摘するよりはるかに古くから見られていた。

　アメリカ人は、さまざまな民族の人々も、特に民族的意識を持たない人々も、19世紀後半以来、移民の食べ物を提供するレストランで食事をしている。今日では「エスニック」という言葉は、食堂の分類を表す用語としては使用されなくなりつつある。それというのも、「エスニック」に対する「ふつうの」料理の存在を暗示するからだ。「外国の」という言葉の方が中立的だという意見もあるが、やはり比較される料理が存在することが想定されている。すなわち、外国の料理ではない「ふつうの」料理である。

　アメリカには、明らかに万人に認められた国民的料理が存在しないため、問題は長引いている。アメリカ料理とは、南部のビートン・ビスケットやボストンのベイクドビーンズのような、忘れられかけた郷土料理の集合体だろうか？　それとも、ガンボやクラムチャウダーのような——これらの料理も外国の伝統料理の末裔だが——少数の郷土料理の生き残りが、アメリカ料理を形成しているのだろうか？　もしかしたら、アメリカ人以外の人々の多くが信じているように、ア

メリカ料理とは〈マクドナルド〉や〈ケンタッキーフライドチキン〉を指すのだろうか？　本章では、アメリカにおけるいわゆるエスニック料理の奇妙な人気と、エスニック料理を異国風な食べ物にする「ふつうの」料理について検証してみたい。

　今では、ヨーロッパの大都市のほとんどで何十か国もの国々の料理が食べられるようになったが、これはかなり新しい傾向である。1965年には、パリのミシュランガイドに掲載された約250軒のレストランのうち、93パーセント以上がフランス料理店だった。イタリア料理の店が11軒、中国料理の店が2軒、インドネシア料理店が1軒、そして「東洋もしくは北アメリカ」のレストランが2軒である。これは驚くべきことでも、眉をひそめるべきことでもない。1965年には、フランス人はフランス料理の方を好んだのだ。ピザやハンバーガー、シャワルマ（肉を鉄串に刺して直火であぶったレバントの料理）、タピオカ入りミルクティーが世界的に広まった現在もなお、多くのヨーロッパの国（特に地中海地方）では、依然として外国料理の店が比較的少ない。鮨店はバルセロナの至るところで見られるが、これも21世紀に入ってからのことである。かつては多くの植民地を抱える一大帝国であったにもかかわらず、スペイン人はラテンアメリカやモロッコ、フィリピンの料理にほとんど関心を持っていない。エンサラディージャ・ルサ（ロシア風ポテトサラダ）がロシア料理ではないように、アロス・ア・ラ・クバナ（キューバ風ライス）はキューバ料理ではないのだ。

　これとは対照的に、アメリカでは130年も前からすでに、他の国の料理を提供するレストランが人気を博していた。1893年に『Frank Leslie's Popular Monthly（フランク・レズリーのポピュラー・マンスリー）』という雑誌に掲載された記事によると、ニューヨークでは料理でユニークな海外体験ができるという。「ロンドンで朝食をとり、ベルリンで昼食を食べ、パリで夕食を楽しみ、ウィーンで夜食をつまむ」ことが、ニューヨークに居ながらにしてできるそうだ。最も格式の高いフランス料理に精通している点ではパリがすぐれているかもしれないが、ニューヨークには比類なき多様性があるというのである。

　中でもふたつの国の料理は、特筆に値する。すなわち、中国料理とイタリア料理だ。

中国料理店とイタリア料理店

　チャプスイの大流行は、1896年の中国大使（新聞各紙には「総督」と称された）李鴻章の訪米から始まった。李鴻章の料理人がチャプスイをアメリカに伝えたとか、ニューヨークの〈ウォルドルフホテル〉で開かれた歓迎晩餐会で出されたのが始まりだとか、さまざまな説がある。ニューヨークジャーナル紙に「李

近辺にエスニック料理店が存在することを食事客に知らせる視覚的表示。

鴻章の鶏肉担当の料理人がウォルドルフで出した奇妙な料理」という見出しで掲載された記事では、「炒雑碎(チャーウチャプスイ)」は臓物のクリーム煮と定義されている。臓物という部分は、的を射ている。チャプスイという言葉は、広東語で内臓を意味するからだ。しかしながら、実際にはチャプスイ——肉、卵、キャベツなどの野菜を炒めて煮込んだものを白飯にかけた料理——は、当時すでにアメリカ全土の中華街で、主に中国人以外の人々に提供されていた。しかし1896年以降、チャプスイはあっという間に広まり、白飯の代わりに焼きそばを使った炒麺(チャーメン)も、同様に人気を博した。1903年には、ニューヨークではチャプスイを提供する店は中華街以外に100軒以上存在し、3番街と8番街で特に多く見られた。この料理が正式な中国料理ではないという噂はすでに流布していたが、少数の教養人を除いては、誰も本物かどうかなど気にしなかった。

中国料理店に訪れたような決定的瞬間がイタリア料理店に訪れたのは、移

民でも「エスニック」でもない人々がイタリア人居住区のレストランに現れ始めた1890年代のことだ。イタリア料理は、イタリア南部とシチリア島からの大規模な移民の流入に伴ってアメリカに伝わった。都会の「ボヘミアン」たちは、栄養豊富で安い上にボリュームがある料理や、たっぷりと飲める安ワインだけでなく、イタリア料理店の自由気ままな雰囲気も好んだ。チャプスイの例と同様に、アメリカ人の味覚に合わせた料理が次々に作られた。すなわち、ミートボール・スパゲティやチキン・パルメザンなどの、イタリアで食べられているものとは似ても似つかない料理だ。

　第一次世界大戦後、イタリア料理店は、ニューヨークのグリニッジ・ヴィレッジやサンフランシスコのノースビーチなどで見られる、キャンティのボトルにキャンドルを灯すような小ぢんまりとした店から、華やかな雰囲気をまとう大きな店へと変化していった。イタリア人の言うドルチェ・ヴィータ（甘い生活）を思わせる、ミュージシャンの生演奏などの洗練された趣向を取り入れ、主にイタリア人以外の人々を引きつけるようになったのだ。かつてニューヨークの劇場街に存在した〈マンマ・レオネズ〉は、1906年に〈レオネズ〉として開業した当時は、実際にルイザ・レオネが少人数の常連客に料理を提供していた。やがてアメリカ最大のレストランとなり、1960年代から1980年代にかけて、一晩に2,000人以上の胃袋を満たすようになった。1970年代には、7品のコース料理と古代彫刻と愛嬌たっぷりのウェイターをそろえたこのレストランを訪れるのは、ニューヨークの外から来た観光客にほぼ限られていた。

　もとはナポリの貧しい人々の食べ物だったピザの大流行は、アメリカがイタリア料理をどこまでも吸収し、変容させたことを示す例である。アメリカのピザは、生地よりチーズやトマトやトッピングが重視される。チャプスイに比べて人気が出るまでに時間がかかったものの、第二次世界大戦後は、至るところでピザが食べられるようになった。もうひとつチャプスイと違う点は、ピザの人気はいまだに衰えていないということである。

　このように中国料理とイタリア料理の例において、移民でない人々が、アメリカ人の味覚に合わせた外国料理に慣れ親しんだ結果、日常的にそれらの料理が広く食べられ、重視されるようになって、やがて「アメリカ料理」の一部となるプロセスを見ることができる。これらの料理の伝統のいずれかを抜きにしても、アメリカの食の歴史を語ることはできない。どちらの料理もいまだに「エスニック」料理に分類されているが、すでにわれわれにとって見慣れた風景の一部となっており（現在アメリカには約4万軒の中国料理店が存在する）、現時点で、イタリア系アメリカ人や中国系アメリカ人が経営するレストランで提供される料理は、イタリア料理や中国料理というよりアメリカ料理と呼ぶにふさわしい。

フランス料理とドイツ料理：名声の基準と同化

　外国料理のすべてが「エスニック」と称されるわけではない。ドイツ料理は、比較的人気のない外国料理店の範疇にとどまりつつも、アメリカ人の食生活に取り入れられている。また、何世紀にもわたって高級料理の国際基準であり続けているフランス料理は、エスニック料理と見なされたことは一度もない。
　アメリカにおけるドイツ料理は、一貫してエスニック料理とは見なされてこなかった、例外的な外国料理である。植民地時代と建国時代初期、ドイツ移民の波は連続的にアメリカに押し寄せていた。1848年のドイツにおける革命失敗後に新たに流入した移民たちは、影響力のある食品ビジネスを確立し、ラガービールやエッグヌードルなどの食品をアメリカ人に伝えた。ドイツ系移民が開いた居酒屋やビアガーデンでは、酒と同様に料理も重視され、どちらも陽気で気取らぬ民主的な雰囲気で提供された。ドイツ人男性が妻子をビアガーデンに伴うのを見て、人々はよい意味でショックを受けた。その結果、ビアガーデンから最初のファミリーレストランが誕生した。
　当然ながら、他の移民料理と同様に、ドイツ料理もその食材について笑い話のネタにされた。「ホットドッグを作るのに、こんなにたくさんワンちゃんをひき肉機にかけるのって、残酷すぎない？」とは、当時流行したジョークである。ただし、このジョークは定番とはならなかった。ドイツ料理はアメリカ人に受け入れられたばかりか、いくつかのメニューはアメリカ料理と見なされるほど人気を得たのである。フランクフルトやハンバーガー、ポテトサラダ、ヘッドチーズ（ブタの頭などから作ったゼラチン状のテリーヌ）、ドーナッツなどがもとはドイツ料理であったことは、ほぼ忘れられてしまった。このような現象は、チャプスイやタコスや、ピザにさえ起こらなかったことである。ドイツ料理の影響は、目に見えない形で吸収された。ドイツ料理店に残ったメニューは断固としてドイツ料理であり、料理の名前もドイツ語で、ドイツ風の華やかな装飾文字で表記されている。
　フランス料理店は、ほとんどその登場以来、アメリカにおける高級料理を定義してきた。アメリカ初の有名フランス料理店は、1831年にスイスのイタリア語圏出身の2人の兄弟がロウワー・マンハッタンに開業した〈デルモニコス〉だった。1840年には、やはりフランス生まれではないがフランスで修業したイタリア人のアントワーヌ・アルシアトーレが、ニューオーリンズに〈アントワーヌズ〉というレストランを開業した。このレストランは、今なお営業を続けている。現在の〈アントワーヌズ〉は典型的なクレオール料理の店と考えられているが、100年以上ものあいだ、端的に「フランス料理店」を自称していた。実際のところ、〈アントワーヌズ〉のメニューには、比較的最近までザリガニ料理やジャンバラヤ（スペ

都会のボヘミアンたちの後援を受けて、イタリア料理はすんなりとアメリカ料理に取り入れられた。

インのパエリアを起源とする米料理）が載っていなかった。

　現代の形式のレストランは、18世紀の後半にフランスで誕生した。そして〈デルモニコス〉や〈アントワーヌズ〉が開業した時代から1980年代までは、アメリカで最も格式の高いレストランと言えば、フランス料理店だった。クレーグ・クレイボーンがニューヨークタイムズ紙初のレストランガイド（1964年版）で三つ星を与えたニューヨーク市内のレストラン8軒のうち、7軒がフランス料理店だった。1972年の改訂版では四つ星が導入され、最高の栄誉を受けた7軒のレストランのうち4軒がフランス料理店だった。その4年後に出版されたシーモア・ブリチキーのレストランガイドでは、四つ星を獲得したレストランのすべてがフランス料理店だった。

　それでは、どのような類のレストランが伝統的に「エスニック」と見なされてきたのだろうか？　1938年のニューヨーカー誌の表紙には、8軒のエスニック料理店が描かれている。日本料理店、トルコ料理店、スカンジナヴィア料理店、ロシア料理店、ドイツ料理店、中国料理店、ユダヤ料理店、イタリア料理店だ。その左側には、それぞれの国の料理が挙げられている。よく見かける代表的な料理（ミラノ風リゾット、ボルシチ、ムーグーガイパン［鶏肉の野菜炒め］）もあるが、今となっては得体のしれない料理が意外なほど多い。キセリ（ベリー類を使ったロシアのデザート）、中国の鴨料理ヤット・ガルム（鴨入り麺）、トルコの揚げ物料理クザルトマなどがそうだ。そして、そこに描かれていないフランス料理は、「アメリカ料理」というあいまいな概念以上に、エスニック料理の対極にある「ふつうの料理」を定義していた。少なくとも、フランス料理は格式の序列のトップに君臨していた。

アメリカにおいてイタリアンと呼ばれている料理。

　19世紀にさかのぼっても、フランス料理店は「エスニック」とは見なされていなかった。フランス料理は、選りすぐりのアメリカ料理が手本とする国際基準だったのだ。そしてそれはアメリカだけでなく、世界中の国においても同じだった。1910年にオランダ領東インドのバタビア（現在のインドネシアのジャカルタ）の〈ホテル・デス・インデス〉のレストランで出されたメニューには、地元の料理や気候に対する譲歩が一切見られない。コンソメ・モンモランシー、舌平目のアミラル風、牛フィレ肉のガルニチュール・シャトレーヌ風、リードボーのエスカロップ・ヴィルロア風である。1887年2月22日にセルビア王ミラン一世に供された晩餐は、ウミガメのスープ、ブーシェ・レーヌ風、サーモンのオランデーズソース、牛フィレ肉のフランドル風、キジの冷製パテ、鹿肉のカツレツ・トリュフ添え、オマールエビのベルヴュ風である。

　フランス料理は、人々の憧れの料理だった。19世紀のアメリカの新興都市の起業家たちは、富と教養を誇示するために、人目を惹くレストランやオペラハウスを建設した。1880年代にはアリゾナ州のトゥームストーンにも、「鶏肉のクロケット・アスペルジュポワン添え」や「カキのヴォローヴァン・メリーランド風」なる、フランス料理もどきのメニューを売り物にしたレストランが数軒存在した。この素朴な田舎町においてさえ、フランス料理は高価だった。高級食材を砂漠の町に輸送する手間を考えたとしても、高価といえた。

　そして、問題はそこにあった。フランス料理をエスニックと見なすことができない理由のひとつに、価格がある。一般的な見解によれば、エスニック料理店は安くなければならない。価格の安さが、わかりやすい魅力の一部なのだ。

この30年でエスニック料理——とりわけ日本料理とイタリア料理——に対する予算の上限は跳ね上がったものの、それは民族性を放棄したためではなく、洗練された用語で料理を定義したことによる成果である。それらの用語は、地域的分類（ヴェネチア風、ローマ風など）または伝統的分類（懐石、おまかせなど）などの下位区分に従ってつけられる。これらの料理店は、「高級料理店」と認定された時点で、エスニック料理店ではなくなった。いまだに中国料理店がイタリア料理店よりエスニック色が強いと考えられているのは、イタリア料理店が普及版と高級版の両方のスタイルを確立したからである。たとえばマリオ・バタリの四つ星レストラン〈デルポスト〉は、エスニック料理店とは見なされない。しかし1990年代以前は、イタリア料理は中国料理以上にとはいえないまでも、同じようにエスニック料理と見なされていた。中国料理とタイ料理の例を挙げると、いずれも四川料理店やイーサーン料理店などと地域名によって細分化されているが、アメリカ人はいまだにこれらの料理に大金を払おうとしない。

　〈デルモニコス〉の最盛期——1850年代から1890年代まで——において、高級フランス料理の権威は安泰だった。ニューヨークの〈ル・パビヨン〉が高級料理や高級レストランの代名詞であった1950年代や、アリス・ウォータースがバークレーに開業した〈シェ・パニース〉がまだ純粋なフランス料理店であり、〈ルテス〉がニューヨークで最高のレストランだった1980年代においても、依然として盤石だった。この数十年間の高級料理店における最も顕著な現代的展開は、高級料理の権威としてのフランス料理の没落である。過去30年間におけるフランス料理の凋落は、さまざまな料理が入り混じる余地を大幅に開いた。一般にこれらの異文化折衷レストランは、エスニック料理店と同じ範疇に入れるには、あまりに先進的で高価である。

ボヘミアンと異国の風俗の知識

　本来は故郷を懐かしむ移民たちに料理を提供していたレストランに最初に現れたアメリカ人グループは、愛情と嘲笑をこめて「ボヘミアン」と呼ばれた。このボヘミアンは腹をすかせたパリの芸術家たちを指す言葉ではなく、後の「ヤッピー」、そして最近の「ヒップスター」——結婚をせず、子どもや郊外の持ち家、教会、カントリークラブなどのブルジョア的欲望を軽蔑する裕福な都市生活者——とほぼ同義である。ジャーナリストや出版関係者、デザイナーなどのクリエイティブで高給を得られる職業に就き、慣習に囚われることを嫌うが特に反体制的でもない人々だ。この集団を構成していたのは、両親がアメリカ生まれかイギリスからの移住者の、キリスト教徒の白人と考えられる。南欧や東欧から

移住してきたばかりの人々や、アジア系やヒスパニック系の人々は、依然として「エスニック」だった。

　ボヘミアンたちは、一風変わったレストランを探し求めた。フランス料理などの高級料理店の堅苦しさを嫌う一方、労働者階級の人々が行くカフェの粗野な雰囲気や粗末な料理を嫌ったからである。19世紀最後の10年間は、その中間層を占める中流レストランの台頭を見た。高級料理店からも安食堂からも締め出されがちな会社員や買い物客などの中流階級の人々に料理を提供する、軽食堂やソーダ・ファウンテン（清涼飲料水を軽食などとともに提供する店）、カフェテリア、コーヒーショップ、ティーハウス、そして自動販売機などである。エスニック料理店もこれらの中間カテゴリーに入っていたが、魅力的な異国料理と風変わりな雰囲気を提供していた。

　ボヘミアンたちは、現代のテクノロジーの世界で言うところの「アーリーアダプター」だった。クラレンス・E・エドワーズが1914年に出版した『Bohemian San Francisco（サンフランシスコのボヘミアン）』は、タイトルとは裏腹にレストランに関する内容に終始しているが、その中で彼は1906年の地震で破壊される以前の街を回想し、〈ブォングスト〉や〈フィオール・ディタリア〉などのレストラン（後者は現在も営業している）が「おいしい料理としきたりに囚われない雰囲気と安価であることが、ボヘミアン精神に訴えかけた」と述べている。また、以前はボヘミアンたちでにぎわった〈サンギネッティ〉が、今やホテルで紹介されて訪れた観光客に占領されていると嘆いている。「かつては知る人ぞ知る店だったが、俗物たちによって台無しにされた名もなきエスニック料理店」というフレーズは、根強く使われ続けている修辞表現である。

　さまざまな移民集団とその料理が織りなすモザイクが20世紀のニューヨークの特徴として確立するにつれ、1920年代から1970年代にかけて、新たな種類の外国料理店が紹介された。それらのレストランも一昔前の外国料理店と同様に、不安定なアイデンティティを乗り越えなければならなかった。社会学者のクリシュネンドゥ・レイ博士は、1930年のガイドブックに「トルコ料理（パールシー料理）店」と定義されている〈インディア・ラジャー〉というレストランの例を挙げている。ガイドブックの著者は、「建物の2階に、その店はある。中ぐらいの洋服ダンスほどの大きさで、およそ衛生的とは言い難い。だが、あなたは今トルコにいるのだ──そもそも衛生管理をとやかく言う人は、トルコには行こうとしないだろう。それにこの店の料理は、わざわざ出かけていくだけの価値はある」と書いている。続きを記すと、

　　　コース料理は、食前酒代わりのタマリンド──野菜から作られるレ

モン色の飲み物——で始まる。続いて、本式のトルコ料理とはいえ、水っぽいスープが出てくる。その後が、本格的なトルコ式ディナーの始まりだ。ラム肉か鶏肉か牛肉かのカレーを選択する——このカレーが、火を噴きそうな辛さだ！……（中略）……この店を訪れた人は、食事を楽しみながら、風変わりな格好をした他のお客たちについて想像をたくましくすることだろう。そして、シーク教徒が皆ヤギ髭を生やし、白馬にまたがって剣を振り回しているわけではないことを知り、驚くことだろう。

最終的にはインド料理店と定義づけられはしたが、この〈インディア・ラジャー〉というレストランは、門外漢によるタマリンドの解説に手を焼かされることになった。ロバート・デーナは『Where to Eat in New York（ニューヨークで訪れるべきレストラン）』（1948年出版）の中で、タマリンドの絞り汁について「ザクロの果汁……（中略）……インドの川岸に生育するタマリンドの根を煮出した甘い飲み物」と説明している。

インドの川岸という部分はともかく、タマリンドという植物の存在を知っていたことは、ある程度の知識があったことを示している。だが、当時は博識家で通っても、今日では笑い者になるのが世の常だ。1970年代は、本物の中国料理ではないチャプスイには誰も見向きもしなかったが、左宗棠鶏（揚げた鶏に甘辛いたれをかけた料理。英語名は「General Tso's chicken＝ツォ将軍のチキン」）は、中国の地方料理の流行の波に乗った。しかしその後、この料理もまた次第に名声を失い、ついには冷笑の的となった。

その一方で、ある種の料理は最下層の（すなわち、その料理発祥の地で生まれ育った人だけが真価を理解できる）地位から、アメリカ人の日常食にのし上がった。その最も顕著な例が、鮨である。時代は、はるか19世紀にさかのぼる。西洋人が肉を好み、生魚を嫌うことに気づいた日本人は、来日したアメリカ人にアピールするため、火を通した肉を使った料理をいくつも考案した。新聞各紙のコラムニストたちは、アメリカ国内の日本料理店に通うアメリカ人に、すき焼きや照り焼きや天ぷらだけを注文し、生魚は日本人に任せておくように忠告した。1934年のロサンゼルス・タイムズ紙の記事によれば、筆者が「ニッポニーズ・レストラン」と呼ぶ、鮨も提供している料理店の白人常連客のあいだでは、「すき焼きが一番人気だった」という。1958年には、ロサンゼルス・タイムズ紙の有名コラムニストが、鮨がフランクフルトの座を奪う日がやがて来るかもしれないと言われたことに対し、「……最上級の敬意を払った上で、私はホットドッグを選ぶ」とコメントしている。

1990年代には、鮨はアメリカ人の食べ物の主要な選択肢となっただけでな

く、ティーンエイジャーにも好まれるようになった。鮨は、体制に従順で食べ物の好みにうるさいと思われてきた層にもアピールしたのだ。懲罰として休日に登校させられた高校生の一日を描いた1985年の映画『ブレックファースト・クラブ』では、裕福な少女が鮨を大好物だと語る一方、貧しい家庭の級友たちは嫌いだと言っている。ところが1990年代のロサンゼルスの高校生活を風刺的に描いたコメディー映画『クルーレス』では、パーティーに鮨が出されても、誰もが当たり前のように受け止めている。ドラマ『ザ・ソプラノズ　哀愁のマフィア』では、第6シーズンに料理にまつわる思いがけなくも印象的な場面がある。何年もパスタばかり食べていた主人公トニー・ソプラノと妻のカーメラが、鮨店で夕食をとるのである。

移民のレストランオーナー

　クリシュネンドゥ・レイは、著書『The Ethnic Restaurateur（エスニックレストランの経営者）』で、外国料理店のオーナー側の視点を検証している。彼が展開する移民レストラン論では、最近の著書やドキュメンタリー『The Search for General Tso（ツォ将軍を探して）』とともに、いかに料理がアメリカ人の好みに合わせて変化したか、いかに本場の味とアメリカ人が慣れ親しんだ味とのバランスを取ることにシェフたちが腐心してきたかが述べられている。たとえば、アメリカ人が臓物を好まないために高級部位の肉で料理が作られることや、アメリカ人が甘い食材を好むので「甘酸っぱい味」は実際には「甘味」だけになることなどだ。

　ブルックリンのレッドフック地区で中央アメリカ料理の屋台を出している女性たちの中には、エルサルバドル料理のププサス（米粉とチーズや揚げた豚皮などを混ぜた生地を鉄板で焼いたもの）に野菜を加える人もいる。その理由について、インタビューを受けた女性のひとりが「白人はこの料理をそういうものだと思っているから」と答えている。レッドフック地区が貧しく孤立していた時代は、女性たちは何十年ものあいだ、友人や親せきがサッカーをしているグラウンドの片隅で、彼らの食事を準備していた。レッドフック地区にイケアが建ち、マンハッタンからフェリーが運航を開始すると、顧客層は変わり、食べ物も変化したのだ。

　文化評論家たちはエスニック料理店で食事する習慣について、多様性に対する賞賛すべき寛大さの表れであるか、あるいは邪悪な文化的帝国主義の表れであるか、議論を戦わせている。それらの両極端な解釈の中庸を示したのが、『Journal of Popular Culture（ジャーナル・オブ・ポップカルチャー）』に掲載されたサマンサ・バルバスの『I'll Take Chop Suey（チャプスイをください）』とい

うタイトルの論文である。バルバスは、エスニック料理店で食事することでアメリカ人の味覚と食生活は広がり、文化的姿勢が改善されたと主張しているが、長きにわたる人種的偏見との戦いにおいては限界も認めている。エスニック料理を食べることは、実際には移民や少数民族に対する好意的な姿勢につながらず、むしろ文化の盗用や服従という「他者化」の一環であるという主張に、多くの専門家は衝撃を受けたようである。外国料理店で食事した結果お客のモラルが向上するかどうかの問題は、私の意見では、特に興味深いものではない。あらかじめプログラムされた異文化体験は、ツアー旅行であれ、海外留学であれ、外国料理店での食事であれ、教育的効果をはじめとする有益な効果がほとんどないからだ。カンクンでのハネムーンやメキシコ料理店での食事は、必ずしもメキシコからの移民に対するネガティブな見方を変えるには至らない。

　ところで、何が「ふつうの」アメリカ料理かという問題が、未解決のままになっている。最近の数十年で、ニュー・アメリカン料理運動や地産地消運動がアメリカ料理の伝統において再び注目を集めており、したがって、より高品質で新鮮で専門的な食材が手に入るようになっている。そのようなレストランの料理は、ある程度エスニック料理店の折衷主義を模倣している。ある種の食材が取り入れられるだけでなく、ある地方の料理を別の地方が真似て作る（ニューヨークのバーベキューレストランや、テキサス式バーベキューとノースカロライナ式バーベキューの対決すら存在する）など、途方もない数の外国料理が生み出されるまでの経緯が再現されているのだ。万人が認めるアメリカ料理というものは、存在しない。国際的に高く評価されていた過去の高級フランス料理でもなければ、20世紀半ばに流行し、やはり廃れてしまったジェロサラダ（野菜やフルーツを入れたゼリー）やツナ・キャセロールでもない。何より重要なのは、多様性と折衷主義こそが、善きにつけ悪しきにつけ、アメリカの料理の特徴であることだ。

パクチーは
どこにでも
存在する

アラリン・ボーモント

　私たちは、パクチーが大好きだ。みんながみんな、というわけではない——生まれつき、パクチーの風味を石けんくさいと感じる人もいる——が、種として人類は、コリアンドルム・サティウム（*coriandrum sativum*）と深い共生関係にある。毎年私たちは何万トンもパクチー（別名コリアンダー）を繁殖させており、そのお返しに、この植物は世界の至るところで料理に華やかなアクセントを添えてくれる。

　パクチーはどこでも育つうえに、幅広い用途がある。スープに散らしてもよし、蒸し魚に添えてもよし、バーベキューチキン・ピザのトッピングにするのもよし。チャツネに混ぜ込んだり、細かく刻んでサラダにしたりしてもよい。根をすりつぶして香り高いペーストにし、カレーやマリネに使ってもよい。乾燥させて乾煎りした種は、ピクルス液に混ぜたり、ガラムマサラなどのスパイスミックスに加えたりする。

　パクチーの葉と茎は、柑橘類やコショウやマツを思わせる香りで、料理の味を引き立てる。セビーチェのような料理の鋭い酸味を和らげ、コクのある蒸し煮やこってりとした肉料理に清涼感を添える。パクチーを料理に加えるタイミングは、テーブルに出す直前であることがほとんどだ。パクチーの香りは揮発性で、熱や乾燥で消えてしまうためである。

　パクチーの原産地は地中海沿岸と中東で、北アフリカとインドに伝わった後、中国や東南アジアに普及した。さらに、ポルトガルやスペインの商人たちが、中央アメリカに持ち込んだ。この外来植物は、世界中どこへ行こうと、その土地の料理に影響を与え、さらにおいしくしてきたのだ。

パクチーは、どんな料理ともマリアージュが楽しめる。メキシコ料理のポソレ（左上）や、イラン料理のククサブジ（右上）、そして蒸し魚とも相性ぴったりだ。

誰もが、よい物語を求めている

ルーク・ツァイ

　ボストンがピザで有名だという話は本当かと、いとこにたずねられたことがある。2000年代の初めのころで、私はニューイングランド駐在の2期目に入っていたが、そんな話は聞いたことがなかった。そのいとこはブリティッシュ・コロンビア州在住なので、私はカナダ人によくある妙な誤解のひとつだろうと片づけていた。ある意味でそれは正しく、同時に間違っていた。後でわかったのだが、ブリティッシュ・コロンビア州の隣のアルバータ州は、カナダ屈指の外食チェーン〈ボストンピザ〉の本拠地だったのだ。そしてこの〈ボストンピザ〉は、名前とは裏腹に、アメリカとはほとんど縁もゆかりもない企業なのである。

　もちろん、レストランや料理の名前が必ずしもその文化的または地理的な歴史を表さないという事実は、意外でもなんでもない。結局のところ、名前というのは物語の一種である。ときにそれらの物語は、われわれが食べている料理の真の起源をあいまいにし、神話化し、あるいは完全にねつ造することさえある。

　〈ボストンピザ〉の場合、事実はこういうことだった。1964年、ガス・アギオリティスというギリシア人移民が、エドモントンに最初の〈ボストンピザ〉を開店した。店の名前にボストンという地名をつけたのは、アイスホッケーの若き天才ボビー・オアが、当時ボストン・ブルーインズから入団オファーを受けていたというのが理由のひとつだった。アイスホッケーのファンであり、自分の店にアメリカ風の雰囲気をまとわせたいと考えていたアギオリティスは、「ボストン」という地名はブランドネームとして悪くないと考えたのだ。その結果、実に多くのカナダ

モンゴリアン・バーベキューの架空の由来は、食べ物に物語を求める人間の本能を満足させている。

人が、ビーンタウンの異名を持つボストンがアメリカ最大のピザの街だと思い込んだまま大人になるという、思いがけなくも愉快な事態が出来したわけである。

　概して名前の由来がおおいに疑わしい料理というのは、いわゆるエスニック料理（この言葉はよその土地の料理を十把一からげにしてしまうので、使い勝手が悪いが）に多い。たとえば、クラブ・ラングーンだ。ポリネシア風を気取ったティキ・バーや、中国系アメリカ人のテイクアウト専門料理店でよく見かける料理である。1900年代の初めから半ばにかけて、〈トレーダー・ヴィックス〉を創業したヴィック・バージェロンという名の男が、クリームチーズとカニのすり身もどきを詰めた揚げワンタンを提供しはじめた。植民地時代のビルマの首都（現ヤンゴン）の名前がついていることから、実在のビルマ料理に基づいたレシピと勘違いする人がいてもしかたがない。だが、多くの証拠が示すところによると、クラブ・ラングーンはバージェロンが自ら考案した料理だった。ティキ・バーで提供される他のほとんどの料理——プープープラッター、カラフルなラム酒のカクテル、装飾過剰な偽ハワイ料理のルアウ——と同様に、ラングーンという言葉が、南国の香りを運んでくれるのだ。

　続いては、どこにでも見られるチャイニーズ・チキンサラダである。〈アップルビーズ〉や〈ウルフギャング・パック〉などの有名店から西海岸のユダヤ料理専門デリまで、さまざまなレストランで提供されている料理だ。「マオ氏のチキンサラダ」や「アジアン・チャプチャプ」などという、チャプスイが考案されてむやみに東洋風のものが流行した時代を彷彿とさせる珍妙な名前でメニューに載せられることが多い。2017年のニューヨークタイムズの社説で、ボニー・ツイは「この料理は、アメリカのレストランのメニューの生態系において、地理的多様性の点でも味覚的多様性の点でも太鼓判を押され、顧客にありきたりな料理と思われそうだとマーケティング担当者が考える料理の範疇外にある。この料理は、白人たちの目には、多様性と映る。アジア系アメリカ人の目には、悪い冗談に映る」と述べている。

　この料理の考案者としてしばしば名前を挙げられるのが、カリフォルニアの高級華北料理界の貴婦人、セシリア・チャンだ。チャンは1960年代初頭、サンフランシスコで経営していた〈ザ・マンダリン〉というレストランで、シンプルなチキンサラダを提供しはじめた。チャンによれば、このサラダを思いついたのは、得意料理である鶏ひき肉のレタス包みで余ったレタスを有効利用するためだったという。チャンは、ローストした鶏肉を手でほぐし、粉辛子と五香粉と風味を抑えた油を混ぜ合わせてドレッシングを作り、生のパクチーの葉と砕いたピーナッツを散らしていた。

　「後にこの料理を真似した人々が、さまざまな食材を加えたのです」と、チャンは言う。その例が、いわゆるチャイニーズ・チキンサラダに使われている缶詰

麻婆豆腐は、考案者とされて
いる不器量な無名の女性に
ちなんで名づけられた。

のミカンや、ワンタンの細切りを揚げたものだ。

　スタンフォード大学の言語学教授であるダン・ジュラフスキー博士は、ありふれた食品用語の背景にある驚くべき、そしてしばしば回りくどい歴史について、『ペルシア王は「天ぷら」がお好き？味と語源でたどる食の人類史』（小野木明恵訳、早川書房）という1冊の本にまとめた。ジュラフスキーは、フレンチフライ（ベルギーのフランス語圏が発祥）やハンバーガー（ドイツのハンブルグにちなんだ名前）のように、料理の名前に挙げられた国や地域は、概してその料理の歴史になんらかの役割を果たしていると述べている。七面鳥の英語名であるターキー（Turkeyはトルコの意）さえ——七面鳥のルーツは動物学的にも料理的にもメキシコである——イギリスの貿易商がトルコから初めて購入したホロホロチョウがこの鳥によく似ていたことから、間違えてつけたのが始まりだという。

　料理が生まれた背景にちなんで名前をつける習慣は、それが実話であれ架

スパゲティ・カルボナーラ（炭焼き職人風スパゲティ）という名前は、炭焼き職人にもこの料理そのものにも、ほとんど関係がない。

空の話であれ、世界中に共通している。南アフリカのケープタウンで食べられているギャツビー・サンドイッチの名前は、1970年代にフィッシュアンドチップス店のオーナーが、非番の従業員たちのためにありあわせの材料で作ったサンドイッチにつけられたものだと言われている。この巨大なサンドイッチには、ボローニャ・ソーセージやフレンチフライやアチャールという漬物がはさみ込まれていた。従業員のひとりが映画『偉大なるギャツビー』を観た後にこのサンドイッチを食べて気に入り、「ギャツビー・スマッシュ」と名づけたというのだ。そしてイタリアでは、スパゲティ・カルボナーラ——文字どおりの意味は「炭焼き職人のスパゲティ」——の由来について、アブルッツォの炭焼き職人や第二次世界大戦中にベーコンエッグを食べる習慣を海外に広めたアメリカ人兵士に至るまで、さまざまな説が語られている。中国では、粘土で包んで調理するベガーズ・チキンという料

理は、大昔にニワトリを盗んだ物乞いが、鍋がなかったのでハスの葉に包んでから泥で覆い、火の中に入れて焼いたのが始まりだと言われている。また、麻婆豆腐の名前は「あばた面のおかみさんが作った豆腐料理」という意味で、成都のある料理店の女主人に由来している。おそらく想像がつくだろうが、彼女は美貌で有名な人ではなかった。

　こうした物語の多くは信頼できる史実に基づいているように見えるが、まったくのねつ造である場合もある。たとえば、イタリアのパスタのプッタネスカは「娼婦のパスタ」という意味で、大昔の娼婦たちが商売の合間に手早くこのおいしい料理を作っていたことからその名前がついたと言われている。ロマンティックな話ではあるが、あるシェフがトマト、オリーブ、ケイパーなどのありあわせの材料で作り、捨てるようなもので作ったという意味でプッタナータ（イタリア語でゴミの意）と呼んだという説の方が、信憑性があるという人もいる。おいしいゴミもあったものだ——それに、セックス産業とも無縁である。

　ある意味では、世界中の人がこのような創作の自由を選ぶという事実は、驚くに当たらない。結局のところ、料理と物語のふたつが、人間を人間たらしめているのだ。人間は、自分が食べている料理に何らかの由来があってほしいと願うものである。食卓を囲んで語り合えるおもしろい裏話があれば、なおのこといい。この事実に気づいた商売人が、人々が求めるものを与えてくれているのだ。

　料理のネーミングにまつわる多くのことは、単なるマーケティングの一環に過ぎない。言語学者のジュラフスキーが古いレストランのメニューを調べたところ、アメリカの高級レストランでは20世紀のほとんどの期間を通じて、高級感を演出するために「ル・クラブミート・カクテル」や、「フラウンダー・シュール・ル・プラ」のように、随所にフランス語を、しかもどうやら適当に散りばめる傾向があったことがわかった。また、「キムチマヨネーズ」やコチュジャンをべったりと塗りつければなんでも「韓国風」と呼ばれる昨今の風潮について考えてみるとよい。韓国風ハンバーガーや韓国風ポテトチップスはもちろん、韓国風フムス（！）なるものまで存在するのだ。

　温かい目で見れば、これらの名前は、料理を食べる人にそれがどんな料理かを伝える簡便な方法と言えよう。私は現在住んでいるオークランド（や、複雑に交錯した大きな移民コミュニティーが存在する他の多くの都市）のパン屋や広東風バーベキューレストランが、粽子（ツォンズ）——ねっとりしたもち米を竹の葉で包んだもの——を、顧客がラテン系の食品に慣れ親しんでいることを想定して「中華風タマレス」と名づけたことについて、すばらしい工夫だと常々感心している。これと同様に、ブティチャと呼ばれるエチオピアやエリトリアで食べられているヒヨコ豆のディップは、「エチオピアン・フムス」という名前でメニューに載ってい

ることが多い。もっともエチオピア人の友人に聞いたところでは、この料理は正しく作った場合、スクランブルエッグに近い食感に仕上がるという。

　しかし、文化的任務を外から押しつけられた最も甚だしい例においては、最終的に一種のアイデンティティの抹消が起こる。その最も興味深い例のひとつが、モンゴリアン・バーベキューだ。多くの西洋人はモンゴリアン・バーベキューと聞くと、ショッピングセンターなどによくあるビュッフェ形式のレストランを連想する。お客が選んだ肉や野菜を、シェフが丸い火鉢のような形のグリルで炒めて提供する店だ。そのようなレストランでは、装飾にチンギス・ハーンを大々的に利用し、この料理の発祥がモンゴルであると喧伝していることが多い。たとえば、カリフォルニア北部にある〈カフナス・モンゴリアンBBQ〉という店のウェブサイトには、「伝説によると、チンギス・ハーンとモンゴルの戦士たちは、日がな一日狩猟に明け暮れた後、野営地で贅沢な料理を楽しんだという。戦士たちは自らの剣で肉を細かく切り、そこへありあわせの野菜と香辛料を加えた。そして、熱く燃える炎の上に裏返した盾をかざし、鍋代わりにして肉と野菜を焼いたのである」と書かれている。

　もちろん、こうした記述のどこにも、現実的な根拠はない。中国史と中央アジア史の准教授であり上級研究員であるモリス・ロッサビ博士は、数十年来モンゴルの歴史を研究してきたが、モンゴルの伝統料理でバーベキューのようなものは聞いたことがないという。博士の知る限りでは、モンゴルでは肉と野菜をいっしょに調理することさえ、まれらしい。古代のモンゴル戦士が戦場で動物を殺して食べたり、武器を調理器具として利用したりした証拠は見つかっていない。

　モンゴリアン・バーベキューの真の歴史は、もっと平凡である。1950年代に、台湾人のレストラン経営者が仕掛けたマーケティング戦略の産物だったのだ。多くの説では、当時台北に亡命中だった中国の有名コメディアンの呉兆南が、最初のモンゴリアン・バーベキュー店を開いたとされている。2013年に台湾のニュース番組のインタビューで呉が語ったところによると、当初はその調理法を「北京バーベキュー」と名づけるつもりだったが、中国本土を連想させる名前をつければ人々の反感を買う恐れがあると考えた。そこで、自ら考案した新料理を「モンゴリアン・バーベキュー」と呼ぶことにしたのである。台湾や、後にこの種の店が流行したアメリカに住むモンゴル人はごくわずかなので、一般の人々が偽モンゴル料理店以外にモンゴル文化を知る機会が事実上ないという、かなり不幸な事態が起こった。それらのレストランが提供した架空の由来も、モンゴル帝国は野蛮で非文化的だという一部の中国人の固定観念を強化するだけに終わった。

　オークランドのダウンタウンで〈トギズ・モンゴリアン・クイジーン〉――アメリカに存在する数少ない本物のモンゴル料理店のひとつ――を経営するエンフトグルドル・スフバートルは、2016年に私が彼のレストラン評を書いたときに、

こう語った。

「あの手のレストランに対して、腹は立ちません。でも、ああいう料理は本物のモンゴル料理ではありませんよ」

〈トギズ〉では、ブーズという肉汁たっぷりの手作りの牛肉団子を提供している。この団子を食べる際は、まず片隅に穴を開け、団子からあふれる肉汁を先に吸い出すのがコツだ。また、ツイワンという料理は、肉や野菜を炒め、手打ちの麺を加えてさらに炒め合わせたもので、表面がカリッと香ばしく、内側がもっちりとした麺の食感が特徴的だ。

2017年春のある週末、スフバートルは地元のモンゴル人たちを招き、珍しいごちそうを食べる宴会を開いた。ホルホグというその伝統料理は、ヒツジ肉のかたまりを大きな金属の容器に入れ、その上に熱く焼けた石を入れて（あるいは、昨今よく使われるようになった加圧調理器を用いて）蒸し焼きにしたものである。スフバートルによると、1〜2時間で肉は骨から外れるほど柔らかくなるらしい。肉汁と溶け出した脂肪は、肉にかけるタレとして使えるそうだ。ホルホグを提供しているモンゴル料理店は、アメリカにはほんの一握りしかない。だが、もしこの料理が流行したとしたら、すばらしいことではないだろうか？　ホルホグが、第2のモンゴリアン・バーベキューとなれば、たいしたものである。

食べ物について文章を書いて生計を立てている人間として、純粋に料理を説明する名前や歴史に忠実な名前より、人々の関心を引く名前を選びたくなる気持ちは理解できる。なんといっても、食べ物の中に物語を見出すことが私の仕事なのだ。皿の上に載せられた食材の集合体は、それらの栄養成分の合計以上のものであり、「おいしい」だの「まずい」だのという評価以上のものである。それに、料理の名前そのものが人を魅了する力を持つ場合もある——たとえば「アリの木登り」という四川料理の奇抜な比喩表現や、卵と鶏肉を使った料理を「親子丼」と呼ぶブラックユーモアがそうだ。

結局のところ、これらの偽物料理の多くは、味の上では人を不快にさせる点はない。吟味した素材で作られたチャイニーズ・チキンサラダは、暑い日にぴったりだ。多くの二流チェーン店では、メニューの中で一番安全な選択かもしれない。ツォ将軍のチキンさえ——いかなる将軍とも関わりのない台湾人シェフが考案した料理だが——中国系アメリカ人の料理の標準においては、人気料理の地位に値する。これらの料理は、搾取的に売り込まれれば、人を傷つける可能性を秘めている。だが、それと同時に別の何かに訴えかけている。すなわち、われわれは皆、自分が食べているものには由来があると思いたいのだ。よくしたことに、どんな食べ物にも由来はある——ときには、表面の下に隠れているものを見なければならないが。それ以外の場合は、素直にたずねてみればいいだけの話だ。

醤油は
日本から
持ち出してもいい

デイヴィッド・ジルバー

　これまでに何度も、故郷ではない国の色に染まった食材に出合ってきた。迎えられた国にすっかり同化して、生まれた国がどこだったのか、ほぼ忘れられてしまったものも多い。
　だが、中央アメリカ原産のトマトを使わないイタリア料理を思い浮かべてみてほしい。そして、ユーラシア大陸原産のヒツジがいないニュージーランドが想像できるだろうか？　また、アンデス原産のジャガイモがないアイルランドはどうだろうか？
　これは、世界中で愛されながらも人々に片時も原産地を忘れさせない、飛び切りおいしい食品の物語だ。その食品とは、塩辛く、複雑で、うま味に満ちた、濃い褐色の醤油である。
　私はいまだかつて、醤油を置いていない調味料棚を見たことがない。また、これまで働いてきたレストランでは、多かれ少なかれ、醤油を使った料理がメニューに載っていた。唯一の例外は、私の現在の職場である、ノーマだ。ノーマで醤油を使った料理を出さない理由については後で説明するとして、まずは発酵した豆から作られた液体が、いかにして世界を征服するに至ったかについて述べることにしよう。
　今日では主に巨大な日系多国籍企業によって販売されている醤油は、実は古代中国の出身だ。2500年以上前の中国東部で、ありふれた食品を非常においしいさまざまな食べ物に変える、すばらしい力を持った菌が育てられていた。

この菌の力によって、中国人はある日突然、粥を酒に、そして大豆を大量の栄養豊かなペースト状の食品とソースに変えることができるようになったのだ。

　ニホンコウジカビ（*Aspergillus oryzae* アスペルギルス・オリゼー）は、綿毛状で甘い香りを放ち、強力な化学反応の触媒となる酵素を作り出すカビであり、私たちにとっては必要不可欠な発酵の担い手である。この菌が作り出すさまざまな酵素がデンプンを糖に変え、その糖が酵母によってアルコールに変化する。また、この酵素がタンパク質をアミノ酸に変えることで、食べ物が腸で消化吸収されやすくなるうえ、味もよくなる。この菌は米や大麦などの穀物の上で特によく発育し、日本名で麹と呼ばれている。

　コウジカビの最も初期の生産物は、醬（ジャン）と呼ばれるペースト状の食品であり、そのいくつかは、今日に至るまで作られ続けている。漢の時代、中国の料理人たちはこの菌と塩と蒸した大豆（または肉や魚）を混ぜて醬を作り、ゆっくりと発酵させて、酵素にタンパク質や脂肪やデンプンを分解させた。大豆に含まれる高分子が分解されるにつれ、蒸した豆の中に閉じ込められていた水分が放出され、発酵物質の表面にたまる。大豆の醬の製作過程で得られるこの液体状の副産物は、醬油（ジャンユ）と名づけられた。その意味するところは名前の通り（しかもけっして正確ではなく）「醬からとれた油」である。欧米では、ソイソースと呼ばれている。

　非常に風味がよく、栄養豊富で常温保存がきき、輸送に便利であることから、醬と醬油はアジア全域の料理の味を決めることとなった。そして発酵による保存は、夏の余剰カロリーをシーズンオフまで蓄える手段として、さらに強化された。瓶詰めされて備蓄され、南シナ海の航海などの重要な仕事をする際に備えられたのである。

　特に伝播しやすい思想は、ミームと呼ばれている。ミームとは、イギリスの動物行動学者リチャード・ドーキンスが、1976年に発表した『利己的な遺伝子』という独創的な著書の中で使いはじめた用語である。基本的に、ドーキンスは遺伝子プールにおける遺伝子の伝播と対比して、集団における人々の脳から脳に伝播する発展的思想をミームと定義した。人から人に伝わりやすい思想（ミーム）は、忘れられやすい思想に取って代わると言われており、書き留められ、あるいは口頭で伝えられて、善かれ悪しかれ最も印象的なものだけが人類の記憶と記録に残ることになる。

　料理のレシピは、ミームである。醬油は物質だが、それを醸造するために必要とされる思考プロセスを抜きにしては、この世に生まれることはできなかった。醬油を魅力的にしていたのは味だったが、その味の背景にある思想が醬油

小麦は、パンやパスタ、アルコール、そして醤油の主原料だ。

の価値を高め、繰り返し作られる食品にしたのである。醤と醤油がアジアの各地域に広まるや、類似の食品がインドネシアやベトナム、タイ、朝鮮などに現れた。そしておそらくそうした食品が最も盛んに作られていた日本で、醤は味噌に進化した。

　醤は、日本人を「教育する」使命を帯びた宗教使節によって、中国から東の日本に伝えられた。日本では、醤油という漢字はショウユと発音される。（あまり有名ではない方の豆油という醤油の同義語は、「たまり」と翻訳された。）

　醤とともに日本に伝えられた非暴力を説く仏教の教えは、この島国の料理を一変させた。7世紀、天武天皇はイノシシとシカを除く動物の肉食を禁じた。実利的理由と宗教的理由の両方から肉食を禁じたと思われるが、8世紀から9世紀に仏教の影響が日本中に広まるにつれ、肉食の禁止は範囲を拡大し、食

醤油を発酵させる樽。

肉目的の家畜の飼育はほぼ完全に途絶えた。肉食禁止令が人々の食生活に空白を作り出した結果、植物性のタンパク源への転換が起こったのだ。すなわち、未成熟な青い大豆（枝豆）、豆腐、醤油、そして味噌である。

　味噌造りは国家的産業となり、土地の味を反映した味噌がさまざまな地方で作られるようになった。それと同時に、味噌の木樽の上にたまる醤油は、着実に人気を高めていった。そのため、味噌作り職人たちは、この味噌の副産物の生産を増やす方法を試行錯誤するようになった。

　1600年代に、日本の醤油造り職人たちは、乾煎りして割砕した小麦で水分量を調節しながら（コウジカビが過度に多湿な環境を好まないため）、大豆の表面に直接麹菌を繁殖させる方法を開発した。液体の醤油だけを生産する試みにおいて、この麹を大量の塩水に浸けて発酵させると、もろみというドロドロしたものになる。この製法で作られた醤油は、以前のものよりはるかに塩味が濃くなり、さらに長期間常温保存できるようになった。

　この時代、鎖国政策をとっていた日本は、しだいに西洋諸国の関心の的になっていった。ドイツの科学者で旅行家のエンゲルベルト・ケンペルは、1600年代の後半に2年間日本に滞在し、この国について調査した。彼は著書『廻国奇観』で醤油について言及し、未知の豆から作られた「sooju」という名高いソースがあると述べている。同じころ、イギリス人医師のサミュエル・デールが、著書『Pharmacologia（薬理学誌）』で「Japonensium Soia」という白い豆を取り上げ、彼が「中国のケチャップ」をはるかに超えると認めたソースの原料だと述べている（ちなみに、これらは「sooju」や「soia」などの語が初めて出版物に使用された例である。英語で大豆を意味する「soybean」という語は、「醤油」

の発音まちがいに由来する。醤油があまりに美味だったことから、主原料にその名がついたのだ)。

醤油は、港では人気商品だった。重商主義時代初期の貿易船による長期の航海にも対応できるほど保存がきいたためである。このソースは、小さな木樽に入れただけで常温保存が可能なうえ、味気ない糧食をたちまちおいしくしてくれる。醤油貿易は急成長し、西洋諸国に普及するにつれ、醤油はウスターシャーソースなどのヨーロッパの発酵食品の重要な材料となった(ウスターシャーソースには第二次世界大戦まで使用され、戦時中に安価なアミノ酸液に替えられた)。

第二次世界大戦後から現代に至るまで、キッコーマンやヤマサなどの企業は、このうま味に富んだ調味料が西洋諸国で人気を博したことに乗じて、標準的なアメリカ家庭の新たな必需品として醤油を売り込んだ。今日では、醤油はアメリカの調味料の中で第4位の消費量を誇っている。

醤油は、最高級の料理を含めたあらゆるレベルの西洋料理に使用されている。1978年には、今は亡き有名シェフのアラン・サンドランスが中国旅行で着想を得、ミシュランの三つ星を獲得した自らのレストランでブールブランソースに醤油を加えたものを提供して、パリのレストラン界をパニックに陥れた。

サンドランスの料理が物議を醸したのは、おそらく彼が醤油を使っていることを敢えて顧客に知らせていたためだろう。醤油は、適量を加えれば、料理の味を引き立たせる。難しいのは、相手に気づかれない程度の量に抑えなければならないことだ。さもないと、食べた人はたちまちその味を「アジア料理」と認識してしまう。醤油は風味豊かな食材ではあるが、文化的アイコンとして強烈なパワーを持つがゆえに、使い道がせばめられているのだ。

言語学において、「指標性」という言葉は、ある言葉をその言葉が使用された文脈と結びつける能力を表す。たとえば、煙という言葉を目にすると、燃えるろうそくやたき火がたちまち頭に思い浮かぶ。同様に、醤油という言葉を目にすると、日本料理が思い浮かぶだろう。

広義では、指標性は記号の生産と意味を研究する記号論という学問分野に含まれる。記号論は言語的・非言語的記号と、匂いや味を含むあらゆる形態の感覚的情報から得られる意味を扱う。たとえば、「煙」という言葉を見て炎を連想するとしたら、煙の匂いをかげば、はるかに鮮明に炎が思い浮かぶだろう。

この感覚と意味の呼応によって、われわれの祖先は数千年にわたって生きながらえてきた。それは人類のゲノムに直接刷り込まれており、味覚として表現される。人間は生まれつき、苦味や酸味を警戒するようにできている。苦味や酸味は、しばしば毒の指標であるからだ。一方、われわれの体は高カロリーの

脂肪や糖を大量に摂取するように指令を出すが、そうしたものをおいしいと感じるのは、偶然ではない。車にはねられた動物の死体が日射しを受けて腐敗していく臭いは、想像しただけで吐き気をもよおす。一方、母親が焼いてくれたアップルパイのうっとりするほど甘い匂いを思い出しただけで、温かいほほ笑みが浮かぶだろう。

　ノーマでは、味と記憶の関連について、常に考え続けている。ノーマでの私の役職は、発酵担当のスーシェフである。2003年の開業当初から、このレストランは北欧地方の味を表現することに取り組んできた。北欧人は、どんな意味においても文化的な食の歴史を持たないわけではなかったものの、それをうまく定義できておらず、ましてや賛美することなどできなかった。そこでわれわれは、伝統的な高級料理を避け、ある特殊な条件の下でこの地方の歴史と風土を深く掘り下げることによって、新たなアイデンティティを作り出す試みに着手した。その条件とは、この地方で生産された食材だけを使用することである。

　「自ら課した制約は集中力をもたらす」とは物理学者のジョン・D・バロウ博士の言だが、この言葉は、ノーマにぴたりと当てはまる。ノーマのスタッフは、スカンジナヴィアの食材だけに的を絞ったことで、慣れ親しんだ食材に新たな息吹を吹き込む技術を求めて探求の幅を広げなくてはならなかった。そして、発酵という生物による変換作用に、この問題を解く鍵を見出したのである。

　何千年もの歴史を持つこの技術は、北欧の食材に適用されたときに新しい技術となり、斬新でありながら明らかにこの土地のものと感じられる味を、きわめて多く生み出した。発酵を徹底的に取り入れることでノーマの料理は変容し、われわれは新たな分野の研究に駆り立てられた。その研究開発のために、専用のラボまで作られた。そのラボで、私は働いているわけである。

　この発酵ラボでは、ひとつの謎が解明されたときに、さらなる疑問とさらなる課題が生まれる。ノーマのメニューの柱となったすばらしい成功のひとつが、日本の味噌を独自に取り入れたピーソ（PEASO）である。ピーソには、大豆の代わりにエンドウ豆——北ヨーロッパ固有のタンパク質に富んだ豆——を使用し、米の代わりにデンマーク産の大麦で作った麹を使う。最初の作品を試食して、われわれは驚いた。その味はかの有名な味噌の延長でありながら、アジアを思い出させなかったのだ。たとえばクレーム・ブリュレは、バニラ風味だろうがシーバックソーン（北欧原産のグミ科の植物）風味だろうが、常にフランスの味がするものだが、ピーソはアジアの味がしなかったのである。

　当然ながら、われわれは思いがけない方向へ転がっていったこの試みをさらに追及し、さまざまな種類の豆や配合比率や調味料を試し、ぴたりとはまるものを探した。そしてその探求の中で、醤油と直接向き合うことになったのだ。

木桶と呼ばれる杉材の樽が、発酵に使用される。

伝統的な日本の製法に従って、われわれは自分たちの醤油を作った。このときも、大豆の代わりに黄色いエンドウ豆を使い、米の代わりに大麦を使った。その結果、すばらしいものができた。およそ6か月間発酵させた後、最初の試作品の味見をしてみると、実に美味であることがわかったのだ。東京に期間限定レストランをオープンした際に味わうことができた、最高の職人技を駆使して作られた醤油にも引けをとらなかった。

　ある1月の寒い日のことだ。ノーマのよき友人である生江史伸（東京の〈レフェルヴェソンス〉のオーナーシェフ）をわれわれの施設に案内した。できたての試作品を試食してもらったところ、彼はきっぱりと宣言した。
「うん、これは醤油だね」
　その賛辞にわれわれはおおいに気をよくしたが、そこには振り払いがたい重みがこもっていたことに、後々気づかされることになった。
　実は、それ以来何リットルも、そして何種類も北欧醤油を作り続けているにもかかわらず、ノーマのレシピに採用されたものはひとつもないのだ。テストキッチン——ノーマの料理が生み出され、改良される場所——のシェフが、ソースに深みを与えようとして、あるいはマリネに塩味を足そうとして、この醤油をほんの少し加えたとたん、その試みは必ず失敗に終わる。いったい、なぜだろうか？
　地方主義に関する制限を大幅に緩めたものの、依然としてノーマは時代と土地の物語をゲストに伝えることに膨大なエネルギーを投じており、その目的を達成するために食べ物の記号論を利用している。だが、北欧醤油は例外なくゲストの頭からこの物語を力ずくで拭い去ってしまう。コペンハーゲンの静かな一角にあるレストランの、シープスキン張りの椅子の上から、一瞬のうちにネオン瞬く東京の横丁の喧騒に連れていってしまうのだ。

　アイデアに、パスポートはいらない。海外旅行から帰ったとき、税関の職員は味や香りの記憶を申告しろとは言わない。国土安全保障省といえども、去年の春にローマで食べたブカティーニ・アッラ・アマトリチャーナから着想を得た料理を作ることを止めはしない。われわれは、そのことに感謝すべきだと思う。
　世界のどこにいようと、誰もが自由に醤油造りに挑戦することができる。それというのも、醤油はただの大量の有機化学物質が漂うイオン溶液ではないからだ。醤油は、何千年もの年月と、何十億人もの人々の手を経て、今なお続いている歴史である。醤油は国境などにわずらわされることなく、少なくとも6か国の国々を、伝統料理という糸でつないでいる。

醤油は、握り鮨にさっと塗ったり、ナシゴレンを炒める中華鍋に加えたり、プルコギの下味に使ったりするたびに、今食べているものだけでなく、いつ、どこではじめてその料理を食べたかも、ありありと思い出させてくれる。人生最高の瞬間に戻るために、チケットを買う必要はない。味覚の記号論は記憶に強い影響力を持っており、数知れない人生経験のすべての情報を保持している。したがって、大多数の人々にとって、醤油の味は分かちがたくアジアと結びついている。

では、北欧の醤油を生み出そうとしたわれわれの試みは、失敗だったのだろうか？

いや、けっして失敗ではない——よその土地に飛び込んでみて、人ははじめて自分自身について学び、ひいては世界全体について学ぶことができるのだから。ノーマにおいては、北欧醤油は、たとえおいしかろうと、最初に生み出した地方の文化的重みを凌駕できない調味料にとどまるだろう。われわれの試作品は、文化遺産と風味の接点について貴重な教訓を与えてくれた興味深い実験として貯蔵され、熟成と改善を続けることだろう。

そして、もし料理の世界に税関職員がいたとしたら、私はこう言うだろう。

「はい、申告すべきことがあります」

コーヒーは
命を救う

アーサー・カルレトワ
聞き手：クリス・イン

　私の名前は、アーサー・カルレトワです。スターバックスで、グローバル・コーヒー・トレーサビリティの責任者を務めています。
　国籍はルワンダですが、出身地をたずねられたときは、カリフォルニアと答えることにしています。
　「でも、訛りがありますね」と言う人がいます。そういうときは、「あちこちを転々としましたから」と言います。
　罪のない嘘です。真実を思い出すといつもつらくなるので、嘘をつくのです。自分勝手だとは思いますが、動揺したり、腹を立てたりしたくないのです。
　ルワンダ出身だと打ち明けて、「どこ、それ？」とか、「まだ戦争してるの？」とか、「大丈夫ですか？」などと言われたことは、数えきれないほどあります。
　大学時代、恩師のゲイリーが、費用を出すからカウンセリングに通えと勧めてくれました。私がくぐり抜けてきた経験は常軌を逸しているから、専門家に話を聞いてもらうべきだというのです。
　そのセラピストは、開口一番にこうたずねました。
　「それで、出身はどちらですか？　アフリカかな？」
　「はい、ルワンダです」
　すると、彼は言いました。「ルワンダって、どこにあるの？」
　もちろん、悪気はなかったのでしょう。たぶんあの人は、心理学という学問や、人々のトラウマを理解することにかけては有能だったんだと思います。で

も申し訳ないけれど、自分がどんな人間で、どこの国の出身で、そこにはどんな人々が暮らしているか、いちいち説明してやらなきゃならないのかと思うと、私は心の底からうんざりしてしまったんです。

その日以来、ゲイリーがセラピーに送ってくれても私は建物に入ることさえせず、あてもなく街を歩き続けました。結局、私はセラピーに通っていないことを恩師に打ち明けました。

「ぼくが抱えている問題を、赤の他人に話すことなどできません。自分にかかわりのある人か、同じ経験をした人と話がしたいんです。もしその人たちが、苦しみや痛みや、ぼくが感じているような怒りを乗り越えられたというなら、どうやって乗り越えたのか、ぜひ聞いてみたいと思います。でも、そんな人たちに会うには、どこに行けばいいんでしょう?」

ゲイリーは、ひどく衝撃を受けていました。

「アーサー、君にはかける言葉もないよ。だが、私自身は、悩み事があるときは歴史的消去法と呼んでいる手法をとることにしている。過去にさかのぼって、その悩みを引き起こした原因を探すんだ。そうすれば、対処法がわかると思っている」

要するに、過去と向き合うことで、未来が開けるというわけです。

私は1975年、ルワンダとの国境に近いウガンダの街で生まれました。

1994年に始まったルワンダ大虐殺のことは多くの人が記憶していますが、それ以前にも10年おきに大量殺人や残虐行為があり、ツチ族——私が属している部族——は、ルワンダを逃れなければならなかったのです。ツチ族と、ルワンダの多数派部族であるフツ族の対立は何世代も前から続いており、その裏にはフランスとベルギーの入植者たちがふたつの部族を対立させ、恐怖による支配を行ってきた長い歴史がありました。両親の世代は1970年代にルワンダを逃れましたが、ウガンダでもイディ・アミンとミルトン・オボテの戦いに巻き込まれることになり、私が2歳のときに再びケニアへ逃れました。

私は11歳くらいまで、ケニアで育ちました。初めてふつうの生活と呼べる暮らしを手に入れたのはケニアでしたが、周囲になじむためには大変な努力が必要でした。今でもよく、当時の父の言葉を思い出します。

「スワヒリ語を覚えろ。ケニア訛りで話せ。みんなと同じ格好をしろ。同じものを食べろ。同じように話せ。そうすれば、厄介なことにはならん」

兄たちや姉とは、2歳ずつ離れていました。いっしょに遊べる程度には、年齢が近かったのです。引っ越しが多かったので、私たちはきょうだいであると同時に、親友どうしでもありました。

父は、身を粉にして働いていました。運送業を営み、いつもトラックを運転して荷物を運んでいましたから、めったに顔を見る機会がありません。国境を越え、はるばるコンゴのゴマやキサンガニから、ブルンジ、タンザニア、ウガンダを行き来していました。東アフリカ中の道路をトラックで駆け巡り、遠くモンバサやダルエスサラームの港まで行っていました。

　父が乗っていたのは本当に古いおんぼろトラックで、道路の状態も非常に悪く、危険な仕事でした。仕事に出たまま何か月も帰れないこともざらでした。皮肉なことに、父は仕事で私たちが逃げてきた国々を通ります。私たち兄弟は、よく母親に「お父さんは帰れるのに、なんでぼくたちは帰れないの？」とたずねたものでした。

　私が11歳のとき、家族でウガンダに戻りました。ウガンダから逃げてきたルワンダ人がケニアで暮らすことは、本当に大変だったからです。父は事業を維持するために大変な苦労を重ねましたが、すべて徒労に終わりました。父がインチキや盗みや不法行為をするのは、一度も見たことも聞いたこともありません。私たちは、生きるか死ぬかの状態で暮らしていたのですが。そんな暮らしをしていると、切羽詰まって悪事に手を染めることもあるものです。父がそこまで追いつめられるのを見たことはありませんが、生活は常に困窮をきわめていました。

　父は仕事を通じて、ウガンダの国民抵抗軍の指導者たちと縁故を結んでいました。彼らにとって重要な弾薬の輸送に携わっていたのです。実際、非常に重要な役割を果たしたことから、国民抵抗軍が内戦に勝利したときに、新大統領のヨウェリ・ムセベニから正式に勲章を授与されました。自分が歓迎されていることを感じた父は、ウガンダに行けば新たな機会が得られるかもしれないと考えたのです。

　当時、ムセベニは大統領に就任したばかりでした。私たちは、反政府軍が首都を制圧したのとほぼ前後して、ウガンダに移り住んだのです。街にはまだ多くの遺体が転がっていました。薬きょうも至るところに落ちていました。兄のひとりは、たまたま居合わせた人ごみの中に手りゅう弾を投げ込まれ、命を落としました。もうひとりの兄もそこにいたのですが、爆発音を聞くやいなや逃げ出し、走り続けて難を逃れました。内戦終結当時のウガンダは、そのように何もかもが生々しいことばかりでした。

　私たちは学校へ通い、誰もがふつうにふるまっていましたが、3年か4年ほどは、銃声が聞こえない夜は一夜としてありませんでした。そんなものがまともな生活と言えるはずもありませんでしたが、私たちはこれがふつうだというふりをしていました。それほどまでに、ふつうの生活がしたかったのです。

　ウガンダに来た以上、こんどはウガンダ人にならなければなりません。ウガ

ンダ人の服装をして、ウガンダ人が食べるものを食べるのです。ウガンダには、16もの異なる方言が存在します。私たちは、そのうちの4つを覚えました。15歳のとき、私は故郷に帰ろうと両親に訴えました——その「故郷」とは、ケニアのことでした。

　私たちはどこへ行っても、本当の自分ではなく、その国の人間として周囲に溶け込もうとしていました。ついにルワンダへ行くチャンスを手にしたときは、身につけている服をすべて脱ぎ捨て、「ほら、これが本当のぼくだ、ぼくのすべてだ！」と叫んでいるような気がしました。ようやく本当の自分を受け入れられる、もう自分を偽らずにすむ、と思ったのです。

　私たちは、ルワンダ内戦の和平交渉の行方を注意深く見守っていました。交渉は、私たちがウガンダに戻った直後の1990年に始まりました。選挙が行われるかもしれないとか、ツチ族が帰国できるかもしれないなどという噂があったのです。

　そして驚いたことに、1993年にタンザニアのアルーシャにおいて、ルワンダ大統領はルワンダ愛国戦線（RPF）との平和協定にサインしたのです。私たちは、家財道具をまとめ、その年の暮れにはウガンダを後にしました。

　私たちがウガンダを離れたのと同じころ、ルワンダに帰国途中の大統領の飛行機が撃墜されました。一説によると、大統領が敵との平和協定にサインしたことに腹を立てた体制派の議員たちが、共謀して大統領機を撃墜したというのです。いずれにせよ、このとき戦略的な大虐殺が非常にタイミングよく始まったのでした。大統領機がまだ炎に包まれているうちに道路は封鎖され、フツ族はマチェーテを取り出しました。この事件の数週間前に、マチェーテと小型ラジオが、国中に支給されていたのです。父はおじに電話し、情勢をたずねました。

　「飛行機事故があったそうだが、どういうことなんだ？」

　すでにルワンダに帰国していたおじは、こう言いました。

　「事故に遭ったのは、大統領機だ。意図的に撃墜されたんだ。こっちは大混乱で、恐ろしいことになっている。今すぐ引き返せ」

　父は、おじや祖父母たちの救出に向かいました。その間、私たちは身を隠していました。それから長いあいだ、父には会えませんでした。

　母が親戚たちと電話で話していると、急に「やつらが来た。もう切るよ」と言われることがたびたびありました。ときには受話器を置くひまもないことさえあり、放り出された受話器が、殺戮と暴虐の限りを生々しく伝えてくるのでした。

　兄たちはRPFに入って戦うために、夜中に家を出ていきました。母は炊き出しや負傷者の看護や家を失った人々の保護を行う女性団体で要職についてい

ましたから、息子たちが家出してRPFに入ると、そのつど母に連絡が入ります。母は連絡を受けるたびに、どうか息子を家に帰してほしいとRPFの職員に頼み込んでいたものでした。

　あの大虐殺が始まった当初は、それまで目撃してきた数々の内戦と何も変わらないと思っていました。しかしすぐに、これまでの戦いとは違うことに気づきました。この戦いでは、銃や手りゅう弾などの標準的な西洋式の殺戮道具がほとんど使われないのです。ひとりずつ、マチェーテでしらみつぶしに殺していくのでした。

　容姿が、生死を分ける基準でした。ツチ族とルワンダの多数派であるフツ族との身体的特徴の違いは、フツ族の方が背が低く、肌の色が濃く、がっしりとした体格をしていることです。ツチ族は背が高く、肌の色が薄く、ほっそりとしています。

　自分はフツ族だと言い張っても、ツチ族のような容姿をしていれば、問答無用で殺されました。ツチ族の男に乱暴された母親から生まれたと言って命乞いをしても、誰も信じませんでした。見た目だけで、生きるか死ぬかが決まるのです。100日間で、100万人もの人々が殺されました。毎日1万人が死んでいった計算になります。

　おじは、ルワンダに骨を埋める覚悟だったので、どこにも逃げませんでした。民兵がドアの前に現れたとき、おじは家族と家にいました。おじは妻と4人の息子を奥の部屋に隠し、ドアを開けて言いました。

　「この家にいるのは、私だけだ。おまえたちは、私を殺しにきたのだろう。さあ、どこへなりと連れていって、さっさと殺すがいい」

　しかし、民兵たちは家に押し入り、おじの家族を見つけてしまいました。

　おじは、兵士らにすべてをわたしました——自動車も、現金も、なけなしの宝石も——マチェーテで切り刻まれるのではなく、ひと思いに銃で撃ち殺してもらうためにです。しかし、銃を持っていた兵士は、銃弾をおじに見せて言いました。

　「これが何でできているかわかるか？　銅だ。銅がどれだけ高いか、知っているか？　おまえらごときに、大事な銅を無駄遣いできるもんか。もっと金目のものをよこせ」

　おじは、兵士らが欲しがるものをすべて与えました。

　彼らが最後に要求したのは、おじの妻でした。おばは、夫と息子たちの目の前で6人の男たちに犯されました。兵士らは瀕死のおばを放置し、おじと息子たちをマチェーテで殺害しましたが、おばは奇跡的に生き残りました。そして、唯一の生き証人として、私たちにこの話を語ってくれたのです。あの当時、同じような悲劇が各地で数知れず起こっていました。

虐殺が終結した後、周囲を見回した私たちは、彼らはいったい何のために戦っていたのだろうと思いました。この国には、天然資源などほとんどありません——石油もなければ、鉱物もないのです。この国の経済は、もっぱら農業に頼っています。ルワンダは小さな国で、土地こそが大きな財産なのです。

　誰もが、とても貧乏でした。戦うだけの価値がある伝統や文化があったわけでもありません。他の国には、たとえばスーダンなどの国には、石油のように人々が殺し合いをも辞さないほど貴重な資源があります。「この戦いに勝てば、大切な命綱が手に入る」というわけです。ルワンダ大虐殺の根には、ふたつの部族がお互いを恐れてきた長い歴史がありました。その歴史は、フランスとベルギーが一方の部族をもう一方より重んじ、ルワンダの領土の支配権を保証したことに始まったのです。

　20世紀初頭、ベルギーはまずツチ族を教育しましたが、その結果ツチ族は民主主義と独立を要求するようになりました。そこでツチ族を見限り、フツ族にこう言ったのです。「おまえたちが多数派なのだから、ツチ族に代わっておまえたちがルワンダを統治するがいい——ただし、多くを要求するな」と。

　何十年間にもわたって、フツ族のあいだで反ツチのプロパガンダが行われてきました。ツチ族のあいだでも、同じことが行われました。フツ族は、今にツチ族が戻ってきて仕事も財産も横取りするだろうと噂し合いました。フツ族のあいだにはそのような言い伝えやことわざがたくさんあり、十戒さえあります。汝ツチと取引をするなかれ、汝ツチと同じ食卓を囲み、パンを分け合うなかれ、などというものです。

　今の時代にも、世界中でこれと同じようなことを耳にすることがあるのは、嘆かわしいかぎりです。私はいつも、こうした言葉を誰が発しているのか、その人物がどんな経歴や動機を持っているのか、見きわめるように努めています。人々の経歴や動機が、その人の自分や他人に対する評価を決定するのですから。

　私は、大虐殺から1年後の1995年のクリスマスにルワンダを離れたことで救われたのだと思います。私自身は、国に残りたいと思っていました。母を置いていくのは忍びませんでしたし、父の行方もまだわかっていませんでしたから。父とは、2001年まで再会がかないませんでした。多くの友人たちが戦いに行って命を落としましたし、兄のひとりは地雷で亡くなりました。（みんながぼくのために犠牲になってくれたのに、自分だけのうのうとアメリカで教育を受けられるわけがない）と思ったのです。罪悪感と恥と怒りが、私を引き留めていました。

　ルワンダを発つ前、私たち一家は首都キガリの空き家に住んでいました。首都にたどり着いたときに、適当に選んだ家です。ベッドや家具などは、そっくりそのまま残っていました。

どこもかしこも、死の気配に満ちていました。嫌なにおいが、いつまでも消えません。川の水は血で赤く染まり、あちこちに遺体が転がっていて、教会の壁に血痕がついていました。
　ささやかな幸せを感じるひとときは、家族みんなでろうそくを囲み、かつての知人たちを思い出して、彼らの言葉や、私たちを楽しませてくれたことについて語り合うときでした。ときには夕方に裏庭でサッカーをしたり、陸軍駐屯地でバスケットボールをしたりすることもありました。
　私は、バスケットボールが大好きでした。バスケットボールをしているときだけは、自分の周囲で起こっている恐ろしい出来事を忘れることができました。ウガンダにいたころ、カリフォルニアのオックスナード大学から来たバスケットボールのコーチが、カンパラでバスケットボールキャンプを行ったことがあります。彼は私に、奨学金を受けて渡米してバスケットボールの技術を磨くことを、熱心に勧めてくれました。でもそれは 17 歳か 18 歳のころで、その 1 年後に私たち一家はルワンダに移り住んだのです。そのコーチがウガンダの大使館に連絡を取り、私の行方を捜してくれたときには、私が所属していたチームから得られた返答は、「彼はルワンダに帰国した」というものでした。
　そこでコーチはルワンダの大使館に連絡しようとしてくれたのですが、大使館は閉鎖されていました。幸いにも、ルワンダ人スタッフと、大虐殺のあいだも逃げようとしなかったひとりのアメリカ人によって、大使館は業務を再開しました。ヴァージル・ワトソンというこのコーチは、私を見つけ出すまでけっしてあきらめませんでした。おそらくこの国で何が起こっているか知っていて、私を見つけることが自分の使命だと考えてくれたのでしょう。
　でも私は、アメリカに行くつもりはありませんでした。母は、いつものように穏やかで思慮深い口調で、私を諭しました。
「おまえは、自分がこの国に残れば私が喜ぶと思っているの？」
「お母さん、ぼくはずっとお母さんのそばにいると決めたんだ」
　すると、母は言いました。
「実を言うとね、おまえがあのドアから出ていくたびに、私の命は少しずつ削られていくんだよ。たとえバスケットボールをしに行くためでも、友だちに会いに行くためでも、牛乳を買ってきてくれるためでもね。そのたびに、少しずつ心臓が弱っていくような気がするの。だって、無事に帰ってくる保証はないんだもの。私にまた元気になってほしいと思うなら、犠牲になってくれた人たちの死が無駄にならないように、アメリカへ行っておくれ。おまえが生き残ったことには、理由があるはずだよ。だからアメリカに行って、自分には生き残るだけの理由があったことを証明するの。私のためを思ってくれるなら、行きなさい」

そこで、私はアメリカにやってきたのです。

ロサンゼルスに着くと、空港へ迎えに来てくれた兄が、その足で初めてのアメリカのレストランに連れていってくれました。あの時のことは、けっして忘れないでしょう。〈ブラックアンガス・ステーキハウス〉という店でした。きっとここのリブステーキを気に入るぞ、と兄は言いました。

運ばれてきた料理を見て、私はてっきり、アンテロープか何かを殺したのかと思いました。それくらい大量の肉があったのです。兄は一心不乱にかじりついていましたが、私はかえって気後れを感じました。そこで、パンばかり食べて腹を膨らませ、肉には手をつけませんでした。

アメリカに来て、よその土地に移り住むたびに父が言っていたことを思い出しました。

「周囲になじめなかったら、よそ者と気づかれて、面倒なことになる。だから、頼むから周囲になじんでくれ」

なじみたいのはやまやまでしたが、私はまるでゾンビのように周りから浮いていました。ほとんど誰とも口をきかず、一週間ひとこともしゃべらないこともざらでした。コートでプレーしているときも、パスを回せと声をかけることさえできなかったのです。

アメリカには、多くの民族や文化や宗教やさまざまな特色がひしめいていました。そのうちのどれに溶け込めばいいのだろうと、私は悩みました。チームの選手の90パーセントはアフリカ系アメリカ人でしたが、彼らを理解できそうもありませんでしたし、向こうも私を理解しているようには見えません。白人たちは、私がどこから来たのか知りたがり、遠慮なくたずねてきました。そして正しかろうが間違っていようが、言いたいことを言っていきました。また、私の周囲にはメキシコ人が大勢いました。当時の親友は、メキシコ人でした。彼と意気投合したのは、私が長いあいだ米と豆しか食べられなかったからです。同じものを食べているという理由で、私たちは親しくなりました。彼がおいしい店を知っていたのも、理由のひとつです。

大学時代は、ベンチュラ・カレッジのキャンパスに住んでいました。バスケットボール選手にはそれぞれ専任の指導教官がつけられていたので、夏季休暇中は、指導教官のゲイリーの家に世話になりました。ゲイリーは歴史学部長で、アメリカでの父親代わりのような存在でした。年をとっていて、白人で、豊かな髭を生やしているので、まるでサンタクロースのように見えます。私たちは何ひとつ共通点がないようでいて、あらゆることが似ていました。ゲイリーは歴史を愛し、知識を愛し、さまざまな文化について学ぶことを愛していました。私たちはよく、夜が更けるまで語り合ったものです。私は自分の体験や生まれ育った国々につ

いて語り、ゲイリーはアメリカの歴史をはじめ、いろいろなことを教えてくれました。私が自分の人生を取り戻すことができたのは、彼に負うところが非常に大きいと思っています。

　ゲイリーの家は、オーハイという小さな町にありました。おそらく、その町に黒人は私しか住んでいなかったと思います。オレンジの木々に囲まれた何もない町で、とても暑かったけれど、いいところでした。あの町は、私が自分の経験したことを消化し、たくさん本を読むための余地を与えてくれました。私は、あのときなぜあんなことが起こったのか、その理由を理解したいと心から望んでいたのです。

　いったいどうすれば人間はあそこまで残忍に殺し合えるのか、私にはわかりませんでした。もちろん、植民地時代の話は聞いたことがあります。人々の鼻の高さや身長を測り、肌の色を見て、ツチ族かフツ族かを決めたのです。フランスの入植者たちが「おまえたちは白人の男とよく似た体格や肌の色をしているから、こっちの黒いやつより利口に違いない。だから、おまえたちに味方してやろう」と言ったと本に書いてありました。そういう類の話をいろいろと耳にし、本で読んだりもしましたが、それらによって自分が目撃したことが正当化されうるとは、とうてい思えませんでした。

　奪われた多くの命を無駄にするなという母の言葉が、片時も頭を離れませんでした。彼らの命を無駄にしないことが私の目標のすべてでしたが、どうすればその目標を達成できるのか、わかりませんでした。死んだ人を生き返らせることはできないし、悲惨な状況にあるルワンダを復興させる方法も、わかりませんでした。母の言葉に苛まれているようで、とりつかれたような気さえしました。あのときの母はどうかしていたに違いない、さもなければあの言葉がどれだけの重みを持つか理解できたはずだ、と母を恨んだ時期すらあります。

　ゲイリーは、自分が恨みや怒りや復讐心を持つに至った経緯をたどる必要があると言いました。そこで私は、可能な限り多くの書物を、より深く読むことを決意しました。自分の国の歴史に関するあらゆる本を読み、その地方全体の歴史の本も読み、バンツー族の移動やナイロティック人種やセム族などに関するさまざまな書物も読みました。アナリストが書いた、いわゆる地域の専門家の白書にも目を通しました。

　しかし、どれひとつとして、私の心に響くものはありませんでした。私が探していたのは、そんなものではなかったのです。私の胸のつかえを取ってくれるものは、どこにもありませんでした。

　すべての書物を退けたとき、まるで啓示を得たかのように悟ったのです。

　「ぼく自身が、誰より信頼できる目撃者だ。ぼくはあの場にいて、すべてを

見聞きした。そして、今でもありありと思い出せる」

　一生懸命に、長いあいだ深く考え続ければ、なぜ何百万人もの人が数日のうちに地球上から消し去られなければならなかったのか、自分なりの仮説にたどり着くと考えたのでした。

　2年制の大学から4年制の大学に転学し、カリフォルニア州のサンタクラリータにあるマスターズ大学に通うことになりました。神学の本を読み始め、その過程でさまざまなことを考えるうちに、しだいに自分が目撃したことを理解できるようになっていきました。

　私が達した結論は、自分が目にしたのは、貧困の最悪の形だったということです。そして、私は貧困を二通りに定義するようになりました。ひとつは辞書的な、経済学の講義で教わる標準的な定義です。すなわち、水や食べ物や住まいといった、最低限必要なものが手に入らないこと。しかし、人間の魂や精神の貧しさとより関係が深い、もうひとつの貧困があるのです。それは、アイデンティティの欠如です。

　私たちは、自分のアイデンティティを大切にしています。毎朝目を覚ますと、自分が磨いてきたアイデンティティを維持することを考えます。なぜなら、それが生きる力の源になるからです。その生きる力によって、私たちは銀行口座を開設したり、運転免許証を取得したり、給与を受け取ったり、人から認められたりすることができるのです。

　世界で10億人以上もの人々が、自分は何者であるかを知る術を持たないとは、実に信じがたいことです。アイデンティティや自尊心を持たない限り、何者にもなれません。人間以下の存在になってしまいます。内なる貧困は、自己破壊へとつながります。そして、ルワンダの人たちは皆——特にフツ族の人々は——そのカテゴリーに該当することがわかったのです。自尊心があれば、ルワンダ語でいう「agaciro」、つまり文化的アイデンティティに到達する道のりを理解し、努力し続けることが可能になるのです。

　このことに気づいてからは、驚くほど気持ちが楽になりました。卒業するまでにこのような気づきの瞬間を何度も経験するうちに、自分が本当にやりたいことに、どこでどのように取り組むべきか、真剣に考えるようになりました。私は、貧困と戦おうと決めたのです——経済的な貧困と、精神的な貧困の両方と。

　私は、貧困を撲滅する戦略を学び始めました。人間が、自らを貧しい、もしくは貧困状態にあるとカテゴライズするときの、経済的指標や社会的指標も調べました。私にとって、社会的指標は経済的指標よりずっと重要でしたが、最初に取り組むべき課題が経済問題であることはわかっていました。

　ルワンダは、農業を中心に回っています。ツチ族は伝統的に遊牧民だった

ので、ウシやヤギやニワトリの世話などの畜産業に携わっていました。フツ族の多くは農耕民で、バナナやジャガイモやニンジンを作っていました。私たちは、牛乳とハチミツを交換し、ウシの革とジャガイモを交換するなど、物々交換をして生きていました。

換金作物について調べてみると、コーヒーと紅茶が経済の屋台骨として際立っていました。内戦や大虐殺以前の時代は、ずっとコーヒーと紅茶が作られていたのです。

商品作物には、親しみが欠けています。概して、人々は自分が食べている米や豆を誰が育てているかということに、ほとんど関心を持っていません。

しかし、チーズやチョコレートやコーヒーなどの特産品について語る場合は、その製品や産地に関するよりきめ細かな情報が求められます。場所や、文化や、生育状況や、二酸化炭素排出量まで問われるのです。それらはすべて非常に適切で、重要な情報です。そしてそこには生産者が誰であるかという、非常に価値ある情報が含まれます。そこで私は、紅茶ではなくコーヒーを追究することにしました。コーヒーを、貧困に対する戦いにおける最も有効な武器と決めたのです。

ルワンダの田舎に住む農民は皆、コーヒーを育てています。最初のコーヒーの木は、レユニオン島（ブルボン島）から持ち込まれ、フランスの宣教師たちによって植樹されました。ルワンダで栽培されているコーヒーの主流がブルボン種であるのは、そのためです。

植民地時代には、ルワンダのコーヒー栽培には3つのルールがありました。その第1はベルギー人が定めたルールで、コーヒー栽培が可能な土地を有するルワンダ人は、必ずコーヒーを作らなければならないというもの。どんなに狭い土地であろうと、街からある一定の距離にあれば、コーヒーを栽培しなければならなかったのです。

第2のルールは、許可なくコーヒーの木を切ってはならないというもの。コーヒーの木を傷つけたり、切り倒したり、コーヒーの木の生育を妨げる作物を作ったりすることは禁じられていました。

第3のルールは、ルワンダ人はコーヒーを飲んではならず、いかなる形でもコーヒーを利用してはならないというものでした。

入植者たちはコーヒーを持ち込むにあたり、地元の農民たちにコーヒーを試飲させ、「これを大量に飲んだら死んでしまうぞ」と脅したのです。カフェインの興奮作用で激しい動悸に襲われた農民たちは、「なんと恐ろしい西洋の薬だろう、これを飲んだら死んでしまう」と思い込んだのでした。

これらはすべて、大学で学びました。在学中は、課題は街のスターバック

スやコーヒーショップですることにしていました。そして、コーヒーが人を興奮させることや、コーヒーがある場所に人々が集まることを目の当たりにしたのです。仕事の打ち合わせや、結婚の申し込みや、誕生日のパーティーなど、ことあるごとに人々は「コーヒーを飲みに行こう」と言います。コーヒーが人々を結びつける接点であることに、私はとても興味をそそられました。

コーヒーは、世界でも非常に特殊な場所でしか栽培されていません。毎朝私たちが最初にすることは、その特別な場所と結びつくことです。何百何万という家庭の台所カウンターには、誰も想像できない世界への入り口が開いているのです。コーヒーのおかげで、ここワシントン州シアトルに住む3人の子どもの母親と、ルワンダの片田舎で2人の子どもを育てている女性がつながることができるのです。コーヒーのおかげで親しみが芽生え、共感が生まれるのです。

私はこの当時から、コーヒーのことを最も雄弁な無言の難民と呼んでいました。コーヒーは、厳しい紛争状態にある、貧しくチャンスが不足した国から、有り余るほどの富があふれている国にやってきます。その国の人々は、コーヒー豆の袋に書かれた地名を読み上げることすらできません。でも、その響きがエキゾチックで、ユニークで、変わっていて珍しいからこそ、「この、なんとかって土地のコーヒーを飲んでみた」と喜ぶのです。

大学を卒業するとすぐ、私はワシントン州オーバーンにある〈グリーンルーム〉という会社で働き始めました。コーヒーの生豆を保管する倉庫会社です。来る日も来る日も、10個のコンテナ――1個につき、200袋のコーヒー豆入り――の荷卸しをしました。荷物をパレットに載せ、フォークリフトで倉庫に運ぶのですが、フォークリフトの運転に慣れるまでに、袋を破いてしまうことがよくありました。

私は、生の天然産物としてコーヒーがこの国にやってくる仕組みを理解したいと思っていました。外の世界からやってくるコーヒーとの最初の接点になれるという意味で、これはすばらしい仕事でした。難民として長い旅を終えたコーヒーを、扉を開けて出迎える人間が私だったのです。

〈グリーンルーム〉の次は、〈ミルストーン・コーヒー〉で働くようになりました。コーヒーに価値が付加されていくプロセスを、すべて理解しようと思ったのです。〈ミルストーン・コーヒー〉は、〈プロクターアンドギャンブル〉に買収される以前は、ワシントン州のベインブリッジ島で自社焙煎したコーヒー豆を、食料品店で販売していましたから。そこで〈ミルストーン・コーヒー〉の次は小売店で働くつもりでしたが、その機会はありませんでした。それというのも、ルワンダの農業省で働くチャンスが訪れたのです。農業省は、高価値、マーケティング、ブランディングの観点からルワンダのコーヒー産業を振興するために人材を探していたのでした。

それは2001年か2002年のことでした。私はコーヒーを市場側から理解する過程を切り上げ、このチャンスに飛びつきました。〈ミルストーン・コーヒー〉の上司は、こう言って慰留してくれました。
　「何も辞めることはないじゃないか。君のことは、今後のわが社を背負って立つ有望な人材と評価しているんだ。休職届を出せばいい。ルワンダの仕事がうまくいかなくても、いつでも戻ってこられる」
　私は上司の目を見つめ、きっぱりと言いました。
　「どうか辞めさせてください。さもなければ、戻る場所があるという甘えが出てしまうでしょう。そうならないために、退路を断つ必要があるのです」
　大学進学を機に6年か7年前に国を出て以来、ルワンダには一度も帰っていませんでした。これから飛び込もうとしている大きな賭けの準備に、8か月ほどかかりました。最も大きな覚悟を必要としたのは、ルワンダにおけるコーヒー農家の98％がフツ族だという事実でした。
　もし自分の社会的影響の基準や、和解のしるしとしてコーヒー産業を活性化するという目標に忠実であろうとするなら、虎穴に入ることも辞さぬ覚悟が要りました。私は敵の目を見据え、「私は和解するために、あなたがたと抱擁し合うために来た。1994年に起こったことが、もう二度と起こらないように」と言おうとしているのです。相手が同じ反応を返すことを期待しないまま、相手を許し、和解しなければならないのでした。

　ルワンダは、コーヒー市場を自由化しようとしていました。コーヒーを栽培したり、木を切ったり、好きな作物を育てたりできる環境を作ろうとしていたのです。市場を自由化する一方で、コーヒーが経済に重要である理由を強調したいとも考えていました。
　政府は、日常食品としてのコーヒーからいわゆるスペシャルティコーヒーへの転換を図りたいと考えていましたが、質の向上だけではその目標を達成できないことを、きちんと理解していませんでした。スペシャルティコーヒーと認められるには、さまざまな基準があります。すばらしくおいしいコーヒーだったとしても、そのコーヒーの産地や仕入れ元がはっきりしなければ、誰も買おうとはしないでしょう。もしかしたら紛争地域で生産されていて、そのコーヒーを買えば独裁政権を支援することになるかもしれません。あるいは、そのコーヒーの生産や加工の過程で環境が破壊されているかもしれません。スペシャルティコーヒーとして地位を確立するためには、非常に多くの要件を満たす必要があり、味だけでは不十分なのです。そしてそれらの要件を満たすためには、適切な人材が必要なのです。
　そこで私は農業大臣を訪ね、直談判しました。

「これまでメールをやり取りさせていただいていたのは、私です。どうか、私にこの仕事を任せてください」

　大臣は、私を一瞥するなり、言いました。

　「ルワンダ人であることは姓でわかったが――君は、これがどういう仕事かわかっているのか？」

　メールだけでは、私がツチ族であることまではわからなかったのです。大臣は、この仕事は私にとって自殺行為だと考え、追い払おうとしました。

　「職員が行方不明になれば、私が責任を問われ、逮捕されてしまう。何を考えていたんだと叱責されるだろう。あきらめなさい」

　ルワンダ大統領は、アメリカやイギリスに滞在し、国外に逃れたルワンダの若者に呼びかけを行っていました。

　「祖国は今、諸君を必要としている。われわれは治安を安定させ、投資環境を整え、平穏な生活を取り戻そうと力を尽くしている。諸君の若く柔軟な精神が必要なのだ」

　大統領の言葉に心を動かされた私は門前払いにあってもあきらめず、ついにコンサルタントとして雇われることになりました。農業大臣は、私を待ち受けている試練について、再度警告しました。

　このような警告を受けることを見越して、8か月間準備してきたのです。敵対する部族のコーヒー農家の人々に、私が来た理由を説明する心構えはできていました。しかし予想外だったのは、自分の部族の反応でした。私は、経済的和解を目指す自分の意図を理解してもらえると思っていたのですが、理解されるどころか、批判を受け、疑惑の目を向けられたのです。

　ツチ族の人々が腹を立てるのも、もっともでした。私が自分の部族に構わず、敵の利益を優先しているように見えたのでしょう。ようやく国に帰ったと思えばすぐに農村地帯へ向かい、大虐殺の実行者たちといっしょに働くのですから、被害者の目の前で加害者を救済しようとしていると思われてもしかたありません。

　私はツチ族の人々に、まずはわがままを通させてくれと言いました。自分が選んだ方法を尊重してほしい、認めてくれなくてもいいからしばらくは見守ってほしいと懇願しました。うまくいかなければ人生最大の過ちを犯すことになるが、甘んじて受け入れる覚悟だと啖呵を切って、私はコーヒー畑を目指しました。

　農業大臣は、問題を抱えた3つの協同組合を私に委ねました。女性たちが運営する組合と、赤字に悩んでいる組合と、代表者が汚職で逮捕され、新任の代表に交替したばかりの組合です。しかもバリューチェーンの構築だけでなく、市場戦略を立て、さまざまな展示会でそれらの組合の代表を務めなければなりませんでした。それに加えて、私は新しい仕事に就いたばかりの若造だったの

です。何もわかってないことは、誰の目にも明らかだったに違いありません。ともかく、そこから私はスタートしたのです。

　最初の会合では、私は自己紹介をした後、指導者や農業技術者や現場の作業員たちと懇親を図ることになっていました。彼らのコーヒーに付加価値を与えるための基礎固めというわけです。

　2日間の会合で、発言したのは私だけでした。

「質問はありませんか？」

　反応なし。

「皆さんも、自己紹介しませんか？」

　誰ひとり、口を開きません。

　私は本やノートやパソコンを放り出し、彼らを知り、私を知ってもらうことに1か月間専念しようと決めました。パンを分け合い、ビジネスについて語り、レタスやニンジンの販売方法についてたずね、子どもたちに話しかけ、地面を転げまわって遊び、野原でサッカーをしました。要するに、コミュニティーの中に飛び込んでいったのです。

　私が彼らと同じものを食べたことが、受け入れられるきっかけになりました。地方の村では、ツチ族の労働者がフツ族の経営するレストランで毒殺される事件がいくつも起こっていたのです。私にとって彼らと食事をともにすることは、とてつもない冒険でした。しかしそうすることで、死をも厭わない覚悟であることをわかってもらえたのです。

　携帯電話の電波が届かない上に、車を降りて10キロ近く歩かなければならない場所にも、たびたび出向きました。その気になれば、彼らはいつでも私を始末することができたでしょう。恐ろしいとは思いませんでしたが、それもマチェーテを目にするまでのことでした。虐殺の道具であったマチェーテを見たとたん、現実的な恐怖を覚えました。その道具に潜む何かが、ひどく恐ろしいのです。彼らが木の枝を払い、畑の雑草を引き抜き、勢いよく何かを断ち切るしぐさは、私を落ち着かない気持ちにさせました。そのような恐怖に襲われようとは、思ってもいませんでした。この仕事を続けられるかどうか、自信がなくなったほどです。

　ルワンダで働いた15年半のあいだには、大虐殺にかかわった人と仕事をすることがたびたびありました。私自身の家族の殺害に加担した人と仕事をしたこともあります。

　私が農家の人々と信頼関係を築こうと努力する一方で、彼らはお互いに不信感を抱くようになっていました。

　農家が10軒あれば、質の悪い豆しか作れない家もあれば、すばらしい豆

を生産する家もあります。コーヒーの木が古かったり、コーヒー畑の隣でバナナを栽培していたり、病害虫に悩まされていたりします。それなのに、彼らはすべての豆をいっしょくたにして売るものだと頭から思い込んでいました。ルワンダにも「たった1個の腐ったリンゴがすべてのリンゴをだめにする」という意味のことわざがあります。彼らはその構造を理解していましたが、誰も腐ったリンゴを告発しようとはしませんでした。

そこには、持ちつ持たれつの関係が働いています。私たちは、それをなんとかしようとしました。そこで、顧客に対する説明責任を果たさなければならないことを教えました。品質が向上すれば報奨を与えるシステムも作りました。

生産された豆を調べ、私はこう言いました。

「こっちの豆はどれも未熟で、害虫にやられている。でも、こっちの豆を見てごらん。美しくて、熟していて、肉づきがよくて、虫に食われていないだろう？　こっちの豆とこっちの豆を、同じ価格で買うわけにはいかないじゃないか」

量を増やすために質の悪い豆を混ぜるのではなく、質のよい豆づくりを奨励しました。「量より質」というのは、彼らにとってはなじみのない概念でした。彼らの頭に染みついた、質を二の次にして大量に生産するという考え方を、根底から覆さねばなりません。しかし、「60キロの豆を頭に載せて、1時間かけて運んでくるのは大変だっただろうが、この豆は持ち帰ってくれ」と告げるのは、本当に心が痛みました。

プライドと自尊心については、真剣に話し合いました。少量生産された高品質の豆の方が、報酬の上で高く評価されるのですが、それより重要なのは、仕事を認められるということです。自分の仕事を認められることに人々が喜びを感じていることは、すぐにわかりました。

私たちは、農家の人々に優秀な農園を見学させ、訓練を施し、互いに協力させました。そして、認められたい一心で大勢の人が集まってくるのを目の当たりにしたのです。

もちろん、不満を持つ人々もいました。私たちが、湿式ミルの手前で一定のレベル以下の豆の受け入れを拒否するよう、管理者を訓練したからです。結局は、彼らが豆を持ち帰らなくて済むプログラムを作ることになりました。しかしそれらの豆は、品質のよい豆といっしょにはされません。選別された豆は、別々に加工されます。別の会社に売られ、違う缶に入れられます。そして「ルワンダコーヒー」のラベルを貼られることはありません。

しだいに、人々は金銭的報酬が減ることより、自分の生産した豆が質のよい豆とは別にされることの方を残念がるようになりました。自分の豆が他の大量の豆といっしょにされてしまうと、自分のアイデンティティが薄まります。彼らが

看過できなかったのは、その社会的指標の部分でした。

　ルワンダは、小自作農の下にさらに小規模の零細農家が存在する唯一の国です。世界に供給されるコーヒーの80パーセントは、小自作農が生産しています。残りの20パーセントは、農園を所有する自作農が生産しています。小自作農の栽培規模は1,000本から2,500本程度ですが、ルワンダでは、200本や50本や20本という農家はざらです。零細農家による生産は、競争のレベルがきわめて高くなる上、豆の質のコントロールがきわめて難しくなります。

　つまり、私にとってルワンダは、「トレーサビリティはすでに安全基準の基本原則であり、病気の原因となりうる商品を追跡するためのものであるのはわかっている。しかしこの国では、トレーサビリティは人々のアイデンティティを守るために利用されるだろう。生産物ではなく、人々のために」と言うのにうってつけの土地だったのだと思います。

　2年後、私はコーヒー戦略家としてルワンダコーヒー委員会に招かれ、2008年までルワンダコーヒーのバリューチェーンやマーケティング、ブランディングに取り組みました。コーヒー豆の焙煎と販売を行う店を作り、トレーサビリティシステムを構築しました。コンテナを見れば、納入者や納入日時や納入場所がわかる仕組みを作ったのです。これらはすべて、私が委員会にいたころの出来事です。

　私が小売店を作り、戦略家としてコンサルティングを行っていたころ、〈スターバックス〉はエチオピアにおけるPR危機の渦中にありました。それはエチオピア政府が申し立てた商標登録問題で、〈スターバックス〉などのコーヒーショップが名称使用料を払わずにシダモやハラー、イルガチェフなどの銘柄のコーヒーを売っているというのです。実際には、それらの名称に価値が見出されたのは、〈スターバックス〉のマーケティング戦略のおかげでした。とはいえ、エチオピアはそれらの地名を商標登録しようと考え、知的財産権を扱う弁護士を雇って訴訟に及んだのです。

　しかし、それらの名称が価値あるものとなるには、それらのコーヒーが実際にその土地で生産されたことが証明できなければなりません。自ら進んでコーヒー豆の生産地を証明するプロセスを管理し統制しなければならないのです。また、これから築こうとしているシステムが、透明性を確保し、再現可能・持続可能なビジネスを推進し、焙煎者の負担を軽減し、顧客がより多くの豆を購入する継続的な誘因となることを、焙煎者や顧客に示すことができなければなりません。ブランドを守るための品質の維持と証明が支援されていることを、彼らに実感してもらわねばならないのです。豆の袋に「シダモ」と表示し、名前の使用料を払う以上は、それだけの価値がもたらされる保証が必要なのです。

　エチオピア政府の弁護士団は、アメリカのコーヒー貿易に携わる団体の全

米コーヒー協会に請願書を提出しました。その年はたまたま〈スターバックス〉の重役のひとりが、2年ごとに交代する協会の運営委員に当たっていました。委員会は満場一致で請願書を却下し、地名の商標登録より地名の認証の方が実現性が高いことを示唆しました。しかし、その会議で〈スターバックス〉の重役が議長を務めていたために、あたかも自国の地理的アイデンティティを守ろうとするエチオピア政府の努力を、〈スターバックス〉が踏みにじったかのように報道されてしまったのです。

　そのころ、私たちはルワンダの地名の認証手続きに忙殺されていました。その間、〈スターバックス〉は最初のブラックエプロン・リザーブコーヒーの購入を目指していました。ブラックエプロン・リザーブコーヒーとは、選りすぐりのマイクロロットコーヒーの最高峰です。そのコーヒーが大好評を得たので、〈スターバックス〉は、アフリカ初のファーマーサポートセンターをルワンダに開設することにしました。サポートセンターでは、農業技術者が生産者に無料で土壌管理や病害対策やその他の有効な活動に関する情報を提供しています。この仕事を成功させ、トレーサビリティを構築した功績を買われて、2008年に私は〈スターバックス〉に迎えられました。

　4年にわたってエチオピアとのあいだを行き来し、合計7年間〈スターバックス〉のトレーサビリティ構築に専念しました。エチオピアにおける私の役割は、この国をビジネスやさまざまな出資者、そして誰よりサプライチェーンの担い手たちに紹介し、彼らにデータやコンテンツの価値を示すことでした。生産国のほとんどに、トレーサビリティを構築すべき理由や、彼ら自身や私たちが得られる利益や、データやコンテンツや情報を新たな財産とする方法や、その財産を強化する方法などを、すべて一から教えなければなりませんでした。

　私たちは、データとコンテンツがトレーサビリティにとって総体的に重要であることを示す、価値に基づいたプランを〈スターバックス〉の内部に作り上げようと努めました。私は、袋にラベルを貼ることや、地名を認証することからさらに一歩踏み込むように勧めました。それらはいずれもサステナビリティのチェックに有効であり、道徳的な決断を下す助けにはなってくれます。しかし、人々によって確認されることはめったにありません。これは、業界全体の問題です。毎年各生産者を二重にチェックすることは、不可能です。それに、コーヒーは農産物ですから、生産者の状況と生産物は季節ごとに変化します。

　そこで私はもうひとつのプランとして、テクノロジーの利用を勧めました。確かなデータとこまめなデータチェックによって倫理的調達を裏づけるためだけでなく、コーヒーが栽培され維持される道を切り開くためにも、テクノロジーを利

用するのです。イエメン人が初めてコーヒーをエチオピアからサウジアラビアへ運んで以来、コーヒーは同じ方法で取引されてきました。すなわち、麻袋に入れられて、船で輸送されているのです。日常生活においてコーヒーの飲み方や利用法を発展させてきたのに、サプライチェーンに関してはいまだに11世紀にとどまっているのです。今日至るところで利用されているテクノロジーによって、サプライチェーンを進化させるにはどうすればいいのでしょうか？

トレーサビリティは、サステナビリティの確立を目指す私たちの努力と表裏一体です。長年にわたって、多くの人々がコーヒー産業に疑問を抱き、サステナビリティにどれだけ投資がなされているか疑問を呈してきました。近年は、その傾向が非常に顕著になっていると思います。自分が口にするものがどこで生産されたかもっと詳しく知りたいと人々が考えていることが、徐々に明らかになっているのです。生産物とともに関連情報が届くおかげで、人々はこれまでよりはるかにスムーズに商品とそのコンテンツを消費できるのです。

コーヒーのおかげで、私は正気を失わずに済みました。コーヒーは、私の人生を救ってくれました。この業界で働き始めたばかりのころ、私はふたつのことを切実に必要としていました。ひとつ目は、ルワンダ大虐殺の実行犯たちに抱いた憎しみや怒りを捨てる方法を見つけること。ふたつ目は、貧困に戦いを挑む方法を知ることでした。自分が正しい道を選んだという確信は、日に日に強くなっています。その証拠を、たびたび目にしてきました。自分が身をもって証明してきたことについて、揺るぎない自尊心を持っています。

あのときの母の言葉は、今も私を励ましてくれます。あきらめて他のことをしようと思ったことは、これまで何度もありました。しかし、母の言葉が私を叱咤し続けるのです。〈スターバックス〉の同僚をルワンダに連れていくたびに、この国や私の同胞やこの国で私たちが成し遂げたことを誇りに思うべきだと、改めて感じさせられます。過去の写真を見、話を聞いた後で現在のルワンダを見ると、誰もがとても驚くのです。

自分が正しかったことを証明できたというところまで、私は自分自身を誇りに思います。「わがまま」を通させてもらい、最初の目標は達成することができました。しかし行く手には、さらに多くの困難と複雑な問題が待っているでしょう。私はいつも周囲の人々に、学び続けることが大切だと言っています。私たちはこれまで、全速力で突っ走ってきましたが、成長は100メートル走ではなく、マラソンであることがわかってきました。いわば、今は呼吸を整え、靴ひもを結び直しているところです。

感謝の言葉

　まずは誰をおいても、自らの舞台と世界最高のシェフとしての影響力を料理界の活性化のために利用させてくれた、レネ・レゼピに賞賛と感謝を捧げたい。MADは、彼らと仕事をする以前から、私のインスピレーションの源だった。今もなお、MADの模範によって蒙を啓かれ、励まされ続けている。

　本書が世に出ることができたのは、常に確固たる意志を持ち続けるMADのエグゼクティブディレクターのメリーナ・シャノン−ディピエトロと、ノーマの最高執行責任者のベン・リープマン（またの名をウルフ）のおかげである。

　MADチームにも感謝を表したい。ヴィクトル・ボルベルク、シモーヌ・スターク・ヘーデルンド、アンナ・キュフナー、ミケル−ロー・ミケルセン、ベラ・ネイピア、マーク・クイン、ヤン・ラスムッセン、そしてミケル・ウェスターガード。また、ノーマのスタッフの支持と思慮深い教示にも深く感謝する。特にミケル・スティーン・アンデルセン、そしてギデ・ボジャース−ヤコブセン、キャサリン・ボント、リーネ・デート・ヘッセルホルト、アニカ・デ・ラス・ウエルタス、トーマス・フレベル、ピーター・クライナー、アルヴェ・クログネス、オーロラ・リー、デヴィン・マゴニグル、ニール・ヌールスー、ナディーヌ・レヴィ・レゼピ、ラウ・リヒター、ジェームズ・スプレッドベリー、ベンテ・スヴェンセン、そしてデイヴィッド・ジルバー。MADと長年このアイデアに貢献してくれた、アリ・クルシャット・アルティンソイ、マーク−エミル・ソルストラップ・ハーマンセン、アリエル・ジョンソン、そしてベン・メイヴィスの、元スタッフ全員にハイタッチを贈る。そしてもちろん、よい仕事を支えてくれたMADの取締役会にもおおいに感謝する。

　出版者のリア・ローネンは、われわれの野望の大きさと無謀さにも、けっして動じなかった。もし読者が彼女とアーティザン社の面々——名前を挙げさせてもらえば、レナータ・ディビアス、ザック・グリーンウォルド、ミシェル・イシャイ−コーエン——と仕事をする機会があるなら、私は推薦を惜しまない。

　こちらから執筆を依頼しておきながら、なんらかの理由で本書に掲載することが叶わなかった人々がいる。それにもかかわらず、彼らの文章は私たちを強く刺激してくれた。リサ・アーベント、ロシオ・サンチェス、グスタヴォ・アレジャーノ、トッド・クリマン、ボニー・ツイ、そしてマイケル・ツイッティーに感謝。

　私は心から言葉を愛する人間だが、本書は写真のおかげで計り知れないほどよいものになったと思う。スタジオ写真を撮影してくれたマレン・カルーソに

感謝する。アンドリュー・ローワットとエリック・ウォルフィンガーは、世界中の偉大な作品のコレクションをまとめることに協力してくれた。その中には、彼ら自身の作品も含まれている。ショーン・ブロック、カイル・ジョンソン、クリスティー・ヘム・クロック、ジェイソン・ルーカス、フェリペ・ルーナ、リズ・シーブルック、そしてダリヤ・トゥルグトは、われわれのために写真を撮りおろしてくれた。そして、読者が思わず手に取りたくなるようなすばらしいカバーイラストを描いてくれた、ジョシュ・コクランに幸あれ。

感謝しきれないほど多くの人々が、人脈と洞察力を提供してくれた。ごく一部だけ名前を挙げさせてもらうと、ジョーダン・バス、デレク・ボザロー、デヴィッド・チャン、ジョン・T・エッジ、メフメット・ギュルス、レイチェル・コン、コーレー・リー、ギデオン・ルイス-クラウス、ベン・シューリー、オスカー・ヴィラロン、そしてケイレブ・ジガス。〈スランテッド・ドア〉のチャールズ・ファンは、本書の制作過程のすべてを通じて、サンフランシスコのオフィスで実に寛大なるもてなし（と料理）を提供してくれた。彼の非凡な物語は、本書で紹介されてもおかしくなかったところだ。考えてみると、どうして彼の話がここにないのか、わからない。

個人的な感謝を述べさせてもらうと、私のグルであり巫女でありエージェントであるキティ・カウルズには、おおいなる借りがある。そしてもちろん、文字どおり私と同じものを食べているジャミ・ウィテク、ルビー・イン、ついでにハックにも。愛する彼らのためにも、食べ物を変化の手段と捉える私の信念の正しさが証明されることを願う。

最後に、アラリン・ボーモントには、特別に感謝を述べなければなるまい。私の創造的パートナーとして、このプロジェクトをはじめ、多くの仕事で苦楽を共にしてきた。この本全体に、彼女は存在感を放っている。アラリンのおかげで、本書はより正直で、正確で、共感的で、計り知れないほどよくなった。私が間違っているときは間違っているとはっきり指摘し、正しいと思われるときはサポートを惜しまなかったアラリンには、本当に頭が上がらない。感謝しています。

クリス・イン

写真クレジット

Sivan Askayo: 83, 156
Sean Brock: 73
Maren Caruso: 12, 14, 15, 19, 24, 70, 78, 96, 98, 99, 172, 174
Alanna Hale: 68, 162
Lauryn Ishak: 81
Kyle Johnson: 192
Christie Hemm Klok: 102, 105, 112, 123, 124
Jason Loucas: 86, 89, 90, 94
Felipe Luna: 36, 39, 40, 44, 50
Aubrie Pick: 27, 150
Andrew Rowat: 18, 28, 30–31, 33, 62, 67, 80, 177, 178
Liz Seabrook: 52, 54, 57, 59
Derya Turgut: 132, 135, 136, 137, 138, 140, 141
Eric Wolfinger: 16, 20, 21, 22, 32, 65, 165, 166, 182, 185, 186, 189

MADについて

MAD（デンマーク語で食べ物の意）は、社会的良心と好奇心と変化への意欲によって世界の料理コミュニティーをひとつにするNPO団体である。

シェフのレネ・レゼピは、2011年に2日間のシンポジウムとしてMADを立ち上げた。300人ものシェフやレストラン経営者、ウェイター、フードライターがコペンハーゲンの赤いサーカステントの下に集い、食べ物の未来について語り合ったのだ。今日のMADは、そのダイナミックなネットワークやイベントプログラムやメディアを通じて、さらに多くの人々をつないでいる。

食べ物は、現代の最も差し迫った世界的困難のいくつかと切り離せない問題である。MADは食べ物の仕事をする人々を教育し、刺激して、彼らの職場やコミュニティー、ひいては全世界を変える、ローカルで持続可能な解決策を発見することを目指している。

MADの活動に関する詳細な情報や支援方法について知りたい方は、madfeed.co.まで。

中村佐千江

翻訳者。実用書、ノンフィクションから児童書まで、幅広いジャンルの訳書がある。主な訳書に、『さあ、シンプルに生きよう！』（三笠書房）、『FBI秘録』（原書房）、『ファオランの冒険』シリーズ、『見習い探偵ジュナの冒険』シリーズ（KADOKAWA）などがある。兵庫県在住。

世界は食でつながっている
You and I Eat the Same

2019年3月23日　初版発行

著　者	MAD
訳　者	中村佐千江
発行者	郡司　聡
発　行	株式会社KADOKAWA
	〒102-8177　東京都千代田区富士見2-13-3
	0570-002-301（ナビダイヤル）

印刷・製本　図書印刷株式会社

本書の無断複製（コピー・スキャン・デジタル化等）並びに無断複製物の譲渡及び配信は、著作権法上での例外を除き禁じられています。また、本書を代行業者などの第三者に依頼して複製する行為は、たとえ個人や家庭内の利用であっても一切認められておりません。

KADOKAWA カスタマーサポート
［電話］0570-002-301（土日、祝日を除く11時～13時、14時～17時）
［WEB］https://www.kadokawa.co.jp/（「お問い合わせ」へお進みください）
※製造不良品につきましては上記窓口にて承ります。
※記述・収録内容を超えるご質問にはお答えできない場合があります。
※サポートは日本国内に限らせていただきます。

定価はカバーに表示してあります。

日本語版装丁・本文デザイン　寺澤圭太郎
データ修正　木蔭屋
Special Thanks　水原　文

©Sachie Nakamura 2019 Printed in Japan
ISBN 978-4-04-107842-6 C0077